Re-Thinking
»The Blue Hand«

Wie gründen wir eine Partei?

- Theaterstück in 12 Szenen -

„Politik spielen ...?“

Wo viele Menschen zusammen kommen, da menschelt es.
Das ist nur natürlich!
Der Mensch ist eins der gefährlichsten Lebewesen dieser Welt und die Frage, wie mit dieser Macht umzugehen ist, beschäftigt Menschen seit Anbeginn.
Je globaler und vernetzter wir die Geschicke der Welt wahrnehmen und miteinander regeln, desto wichtiger kann jede einzelne Entscheidung im politischen Kosmos werden. Und gibt es überhaupt einen unpolitischen Raum? „Spielregeln“ erlauben uns, einen Umgang miteinander zu finden, der Ausgleich zwischen menschlichem Verhalten schaffen soll.

Die Einhaltung von Spielregeln erfordert Übung und Vertrauen. Von Zeit zu Zeit werden Regeln des Miteinanders auch geändert, oft mit dem Ziel, mehr Frieden unter den Menschen zu ermöglichen.

Gute Politik startet und endet also mit dem Bedürfnis von Menschen nach Frieden?

Möge das Spiel beginnen!

Re-Thinking
»The Blue Hand«

Wie gründen wir eine Partei?

2025

Vera Ansén

Bibliografische Information der Deutschen Bibliothek
Die Deutsche Bibliothek verzeichnet diese Publikation in der
Deutschen Nationalbibliographie; detaillierte bibliografische Daten sind
im Internet über http://dnb.ddb.de abrufbar.

1. Auflage, Mai 2025

Text, Graphik und Gestaltung: Vera Ansén
Lektorat: Rebecca Ansén

Verlag: BoD · Books on Demand GmbH, Überseering 33, 22297 Hamburg, bod@bod.de
Druck: Libri Plureos GmbH, Friedensallee 273, 22763 Hamburg

ISBN: 978-3-8192-2921-3

Inhalt

Erste Szene

(Wohnzimmer – Spätnachmittag)
Ein typischer Wohn-Essbereich. Die Mutter liest in einem
Buch. Sanftes Tageslicht. Leise Musik läuft im Hintergrund.
Ungestüm kommt ihre Tochter Kassandra ins Zimmer, lässt ihre
5   *Schultasche, Plakatpappen und Stifte auf dem Küchentisch und*
wendet sich zum Kühlschrank, um sich Eistee zu nehmen.

MUTTER *ohne aufzusehen.* Trink nicht aus der Flasche.
CASSY Hatte ich gar nicht vor!
10   *Cassy seufzt und trinkt durstig, geht dann hinter der geöffneten*
Kühlschranktür zum Schrank, um sich ein Glas zu nehmen.
MUTTER Lass die Kühlschranktür nicht offenstehen!
CASSY Ja, ja, sonst geht der Kühlschrank kaputt ... und die
Energiekosten und die Kosten für einen neuen Kühlschrank, für
15 den mein Taschengeld nicht reichen würde ...!
   Die Mutter schaut zum ersten Mal von ihrer Lektüre auf.
   Cassy schüttet sich unschuldig lächelnd ein Glas Eistee ein.
MUTTER Was gibt es Neues von der Schule?
CASSY Was gibt's zu Essen?
20 MUTTER Wir warten noch auf Toby.
CASSY War ja klar!
MUTTER Iss einen Apfel!
   Die Mutter liest weiter.
CASSY Liest du immer noch »Die blaue Hand« ?
25 MUTTER Ich versuche es.
CASSY Verstehe ich einfach nicht. Du kennst doch den Film und
   das Hörspiel ... wozu noch lesen?
MUTTER Das Wichtigste steht zwischen den Zeilen!
CASSY Das sagst du immer, bist du sicher, dass du nicht bloß eine
30   Beschäftigung suchst?
MUTTER Denken ist „eine Beschäftigung"!

CASSY Beim Lesen? Viel zu anstrengend! Überhaupt, du kennst
    den Täter doch schon, es ist der fiese Digby Groat. Hört man
    doch eigentlich schon am Namen!
MUTTER Edgar Wallace lässt alle seine Figuren verdächtig
    erscheinen ...
CASSY „Das macht sie menschlich", jaja ...
MUTTER Was ist denn los, Kassandra?
    *Cassy rollt die Augen und nimmt sich einen Apfel, in den sie
    demonstrativ hineinbeißt. Dann fängt sie an ihre Schultasche
    auf dem Küchentisch auszupacken.*
    *Mit weiten Schwüngen überträgt sie eine Skizze auf eine der
    Pappen.*
MUTTER Das sieht mir nach einem neuen Schulprojekt aus. Was
    ist es diesmal?
CASSY *kauend.* Wir gründen eine Partei ...!
MUTTER Ach, was, ...
    Die Mutter lässt ihr Buch sinken.
CASSY Doch, doch! Im Gemeinschaftskundeunterricht. „Entwerft
    eure eigene Partei." Mit allem drum und dran: Programm,
    Name, unsere Werte ...
MUTTER So und da fängst du mit dem Plakat an? Was habt ihr
    denn schon für Inhalte?
CASSY Ein cooles Plakat ist doch das „Ah und Oh" für eine gute
    Note. Die Lehrerin hat uns Nummern ziehen lassen. Ich bin
    mit Lena, Tim, Aylin und diesem Jonas in einer Gruppe.
MUTTER Aha, daher weht der Wind. Denen traust du mal wieder
    nichts zu und meinst, schon vorarbeiten zu müssen? Lass es!
CASSY Manchmal habe ich den Eindruck, du hast was gegen
    meine guten Noten, Mama! Ich dachte, du kannst mir helfen?
MUTTER Politik ist kein Spiel, Cassy. Es geht nicht um Plakate,
    sondern um Menschen, um unser Zusammenleben. Habt ihr
    denn überhaupt in der Klasse mal besprochen, wofür Parteien
    antreten?

Cassy Klar doch. Die Bundestagswahl war doch wieder spannend
   genug. Wir halten ja auch regelmäßig Jugendwahlen ab.
   Komm hilf mir lieber ein bisschen, du hast doch Erfahrung! Ich
   weiß einfach nicht, wie ich mit dem Team ...
5 Mutter Ja, bitte?
Cassy ... eine gute Partei gründen soll!
Mutter So, so, darum geht es dir also?
Cassy Klar, Mama!
Mutter Ich muss jetzt Toby abholen. Fang mal an, d'rüber
10   nachzudenken, was sich für dich richtig und wichtig anfühlt?
Cassy Was meinst du denn jetzt mit „Fühlen"?
Mutter Menschen übernehmen dort Verantwortung, wo sie
   etwas in sich spüren, das sie nicht mehr ignorieren können.
Cassy Also wenn in der Politik alle ihren Gefühlen nachgehen,
15   wird's doch total chaotisch!
Mutter Nicht Gefühl im Sinne von Laune. Sondern ein innerer
   Kompass. Das, was immer bleibt ... auch wenn es mal keinen
   Applaus gibt.
Cassy Also... so was, wie Haltung?
20 Mutter Genau. Haltung macht Politik nicht gerade einfacher,
   aber sie macht dich unterscheidbar von denen, die einfach
   nur mitschwimmen wollen.
   Cassy schaut auf ihre Notizen, schweigt einen Moment.
Cassy Ich schreib mal auf, was mich ärgert. Und was ich mir
25   wünsche. Vielleicht wird daraus ja ein Parteiprogramm.
Mutter Das ist ein Anfang. Wunder dich nicht, wenn deine
   Gedanken verwirrend sind. Hör' einfach mal in dich hinein.
Cassy *notiert.* Haltung. Nicht Hashtag.
   Mutter wirft einen Blick über Cassys Schulter. Dann nimmt sie
30   *ihre Tasche.*
Mutter Ich bin gleich wieder da. Wenn du willst, reden wir nach
   dem Essen weiter.
   Als die Mutter hinaustritt, geht das Licht aus.

Was ist eigentlich eine politische Haltung?

„Das sind doch alles nur Meinungen!"
- Stimmt nicht ganz.
Eine Haltung geht tiefer.

1. Meinung vs. Haltung - Wo ist der Unterschied?

Meinung

„Ich finde die ÖPNV-Preise zu hoch."

„Ich mag Politiker:in X nicht."

= spontan, wechselhaft

Haltung

„Ich glaube, Mobilität sollte für alle bezahlbar sein."

„Ich finde, in der Politik braucht es mehr Fairness."
= geprägt durch Werte, Erfahrungen, Menschenbild

Eine Meinung kann man ändern.
Eine Haltung entsteht oft über Zeit.
Haltung prägt, wie man die Welt sieht.

2. Was prägt meine politische Haltung?

Politische Haltungen entstehen nicht auf Papier. Sie erwachsen aus dem Leben:

* Deine Familie (Wurde diskutiert? Wurde gewählt?)
* Deine Freund*innen (Was finden sie wichtig?)
* Deine Erfahrungen (Hast du Ungerechtigkeit erlebt? Oder Solidarität?)
* Deine Vorbilder (Lehrer*innen, Bücher, TikToker, Großeltern)
* Deine Werte (Was ist dir wirklich wichtig?)

3. Gibt es „richtige" und „falsche" Haltungen?

Für unsere Demokratie gilt: Nein
- solange sie die Freiheit anderer nicht verletzen.

Haltungen müssen demokratisch sein. Punkt.

4. Warum ist Haltung in der Politik so wichtig?

Weil Menschen Verantwortung übernehmen.
Wer Entscheidungen trifft, sollte:
* wissen, wofür er oder sie steht
* erklären können, warum etwas getan wird
* nicht nur beliebt, sondern auch
      verlässlich sein

5. Wie finde ich meine eigene Haltung?

Tipp: Frag dich bei politischen Themen:

      - Was ist mir daran wirklich wichtig?

      - Woher kommt mein Gefühl dabei?

      - Was würde ich wollen, wenn ich
            selbst betroffen wäre?

      - Was sagen andere dazu - und
            was lerne ich daraus?

MERKSATZ:

Haltung ist das, was bleibt, wenn der Applaus vorbei ist. Oder so ...

Zweite Szene

(Wohn-Essbereich – Abend)
Cassy räumt den Tisch ab und spült eine Schüssel. Aus einer offenen Zimmertüre hört man die Mutter die letzten Sätze einer Gute-Nacht-Geschichte vorlesen.
Cassy geht zum Küchentisch, die Mutter tritt leise ins Wohnzimmer, beide geben sich Zeichen, erst einmal leise zu sein. Die Mutter setzt sich wieder in ihren Lesesessel und nimmt ihr Buch auf. Beide sind still.

CASSY Ich glaube, jetzt ist Toby eingeschlafen! Du hast mich ganz schön zum Nachdenken gebracht. Wie kriege ich die anderen jetzt von meinen Ideen überzeugt?

MUTTER *lacht.* Vielleicht fangen wir erst mal langsam an ... du weißt doch noch gar nicht, was die anderen in deiner Gruppe denken ...

CASSY ... und fühlen! Ja, ja, soll ich dir vorstellen, was ich so bis jetzt habe?

MUTTER Dann weiß ich immer noch nicht, was die anderen in deinem Team denken.

CASSY Denen ist es egal, was wir machen, glaube ich ...

MUTTER Genau darum geht es ja in der Politik!

CASSY Politik zu machen, für Menschen, denen einfach alles egal ist?

MUTTER Nee, um Zuhören!

CASSY Ich will, dass die mitmachen. Deshalb muss das richtig gut sein, was ich denen vorlege.

MUTTER Du bist doch schlau, Kassandra. Aber dann verhalte dich auch deinem Talent entsprechend!

CASSY Aber ich brauche doch einen Plan!

MUTTER So wie Digby Groat, der Menschen für seine Zwecke benutzen will?

CASSY Der will ja was Schlimmes.

MUTTER Der hält sein Verhalten für gerecht!

CASSY Naja, wohl eher für gerechtfertigt.

MUTTER Gut, aber du denkst ja auch gerade, du erarbeitest hier
was Schlaues und die anderen sollen das morgen einfach toll
finden?

CASSY Ja, wie denn sonst? So funktionieren doch
Koalitionsverhandlungen ...!

MUTTER »Das« ... kostet sehr viel Zeit und baut auf Erfahrungen
auf. Beides habt ihr nicht ...

Cassy hat genervt angefangen auf ihrem Handy zu tippen.

CASSY Und? Wie soll ich denn dann vorgehen? Wenn ich mit
Mirna, Tasha und Barbie eine Partei hätte gründen dürfen,
hätten wir eine starke Frauenpower gehabt, aber die müssen
sich jetzt mit den Ökofaschisten abkämpfen!

MUTTER Stell dir vor, eure Gruppe wäre auf einer Insel
gestrandet und ihr müsstet zusammen überlegen, wie ihr
leben wollt, ...

CASSY ´Ne ziemlich große Insel, Deutschland. Mit all seinen
Problemen?

MUTTER In einer Doppelstunde ...

CASSY Zwei Einzelstunden und ´ne Doppelstunde. Bitte Mama,
hilf mir doch ...! Du hast doch wirklich viel Erfahrung, mit
„Interessensvertretung"!

MUTTER „Interessenvertretung" ist ja noch relativ einfach, mein
liebes Kind. Aber Politik braucht Menschen und da wird es
kompliziert.

CASSY Hast du deshalb aufgehört?

MUTTER Höre ich da einen Vorwurf in deiner Stimme?

CASSY Naja, du hast ja ziemlich viel Zeit reingesteckt!

MUTTER Zur Parteiarbeit gehören viele Menschen und die
meisten wirst du nie kennenlernen.

CASSY Aber jetzt gerade braucht Politik uns doch!

MUTTER »Jetzt« ist immer, Cassy! Demokratie wollen, bedeutet
  mehr, als mit einem Pappschild durch die Fußgängerzone
  zu laufen. Vielmehr all die Beteiligung wahrzunehmen, die
  unsere Demokratie ermöglicht. Partizipation eben. Politik ist
  wirklich Arbeit. Du weißt doch wie viele Abende ich weg war. 5
CASSY Du könntest so viel mehr tun!
MUTTER Ich 'habe' getan und hier geht es doch nicht um mich!
  Deutschland hat 83 Millionen Menschen, wenn da jeder mal
  vier bis sechzehn Jahre sich für die Gemeinschaft engagieren
  würde ... was glaubst du denn, wie es dann hier aussähe? 10
  Einmal alle paar Jahre ein Kreuzchen zu setzen und dann
  nur noch meckern ... so sterben alle Demokratien ihren
  langsamen Tod!
CASSY Also ist es doch wichtig, was wir da machen ... !
MUTTER Es ist eine Chance, wenn ihr es als solche auch ernst 15
  nehmen wollt! Parteien behaupten gerne von sich, rational zu
  sein. Dabei sind es ... vielmehr Glaubensgemeinschaften als
  Think-Tanks und orientieren sich an Gleichklang.
CASSY Du hast dich da oft nicht wohlgefühlt. Und viel geärgert!
MUTTER Das stimmt. Politik ist eben kein Wellness-Wochenende! 20
CASSY Ich dachte immer, du bist einfach nicht der Parteientyp.
MUTTER Bin ich ja auch nicht. Ich mag Vielfalt. Diskussion.
  Eigensinn. Aber weißt du, was ich in der Politik gelernt habe?
  Zu sagen, was gesagt werden muss, ohne loszuheulen!
CASSY Dich regt Ungerechtigkeit immer noch auf ... 25
MUTTER Eigentlich regt mich noch mehr auf, wenn Menschen
  sich ihrer Verantwortung nicht stellen wollen. Nenn es
  Ungerechtigkeit. Nenn es verpasste Chancen.
CASSY Aber es hat dir auch Spaß gemacht?
MUTTER Aber klar doch. Gemeinsam nach Lösungen zu 30
  suchen. Mit Menschen zu diskutieren, die du nie in deinem
  Wohnzimmer angetroffen hättest. Dinge in die Wege zu
  leiten, die das Leben von Tausenden Menschen beeinflussen.

Das ist schon was! Dafür lohnt es wirklich, die andere Wange
auch noch hinzuhalten. Darum geht es! Nicht ums Plakat!
Die Mutter schaut aufgewühlt in den Raum, als wenn sie sich
an die geführten Debatten erinnern würde.
CASSY Wie soll ich vorgehen?
MUTTER *wieder ruhig geworden.* Zu allererst musst du dich
auf Zuhören und Moderieren konzentrieren, damit du
Gemeinsamkeiten in den Unterschieden erkennen kannst.
Alles fängt mit dem Menschenbild an, dass ein jeder in sich
trägt. In der Blue-Zone-Forschung ...
CASSY Mama, 8. Klasse!
MUTTER Also, euer Wohlbefinden! Frag deine Gruppe, was ihnen
wichtig ist, für ihr Wohlbefinden.
CASSY Ohje, ob wir da auf einen Nenner kommen? Dann
diskutieren wir ja endlos!
MUTTER Willkommen in der Politik!
CASSY Das ist mir zu wenig! Ich brauche einen roten Faden!
MUTTER Okay
Die Mutter legt das Buch in den Schoß und beugt sich vor.
Das Licht der Leselampe wirft das Schattenspiel ihrer Hände
hinter ihr an die Wand, während Sie an den Finger abzählt.
MUTTER Jeder Mensch wird durch fünf soziale Netze getragen:
seine Familie, seine Freunde, seine Nachbarschaft, seine
Glaubensgemeinschaft und seine Kommune. Stärke diese fünf
Netze und allen geht es gut. Wenn es da „nicht stimmt", dann
fehlt es an sozialer Sicherheit.
Die Hand mit den ausgestreckten Fingern wirft einen Schatten
an die Wand.
CASSY *notiert.* Die blaue Hand.
Aus dem Nebenzimmer kommt ein Geräusch.
TOBY *(aus dem Off):* Mama, ich muss nochmal Pippi!
Die Mutter steht auf, geht aus dem Raum. Cassy nimmt ihr
Handy wieder zur Hand.

Themen › Politik › Demokratie & Wahlen › Parteien › Parteien in Deutschland › Parteiensystem › Begr.

☰ **Parteien in Deutschland**

Politische Parteien: Begriff und Typologien

Frank Decker 
28.09.2022 / 11 Minuten zu lesen

Es gibt aber zahlreiche Merkmale, nach denen sich Parteien unterscheiden. Was macht eine Volkspartei aus? Und welcher Typ Partei versteckt sich hinter Begriffen wie Propheten oder Pragmatiker?

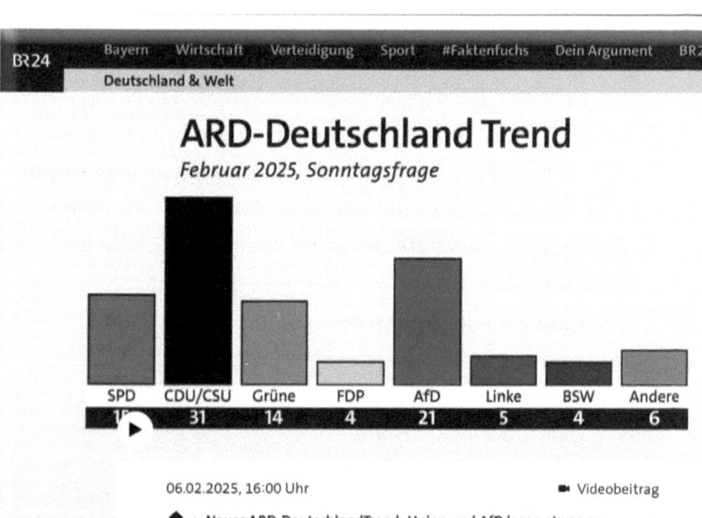

Links zu Parteien

Geschichte der Parteien in Deutschland, Wikipedia

https://de.wikipedia.org/wiki/
Geschichte_der_Parteien_in_Deutschland

Die Entstehung und Entwicklung der deutschen Parteien, bpb

https://www.bpb.de/themen/parteien/parteien-in-deutschland/
202312/die-entstehung-und-entwicklung-der-deutschen-
parteien/

Parteien in Deutschland, Planet Wissen

https://www.planet-wissen.de/geschichte/deutsche_geschichte/
parteien/index.html

Aktuell im Bundestag vertretene Parteien (Stand: Bundestagswahl
2025)

https://www.bundestag.de/sitzverteilung

Parteien im Einzelnen

https://www.cdu.de/
https://www.spd.de/
https://www.fdp.de/
https://www.gruene.de/
https://www.die-linke.de/start/
https://www.afd.de/
https://www.die-partei.de/
https://voltdeutschland.org/
https://bsw-vg.de/

Dritte Szene

(Schulzimmer mit Tisch, Stühlen, Whiteboard oder Flipchart)
Auf der Tafel steht „Parteien Gruppe IV", helles Licht, Rücksäcke.
Cassy und vier weitere Schüler betreten die Szene, verteilen sich
auf den Stühlen und werfen sich Blicke zu.

LEHRER:IN *aus dem Nebenraum.* Stifte … hat jede Gruppe genug
Stifte? Und denkt daran: Eure Partei braucht ein Ziel, ein
Grundsatzprogramm und einen Namen. Einigt euch wann ihr
präsentiert. Nächste Woche wollen wir mit dem Stoff für die
nächste Klassenarbeit beginnen. Wer braucht noch Stifte?
Der Lärm vor dem Zimmer verebbt.

LENA Okay, dann mal los! Wer hat ´ne Idee?

TIM … ich hätte schon was. *Generation Jetzt.* Das klingt modern,
frisch, nach uns, die Innovation cool finden und Kapital
aufbauen …

LENA Klingt nach Werbung. Wie von ´ner Sparkasse. Wo ist denn
da der Inhalt?

JONAS Wie wär´s mit *Die Zukunftskuratoren*?
Alle schauen Jonas überrascht an.

AYLIN Echt? Gruselig! Das klingt ja wie ein Museumspodcast.

JONAS Eigentlich nicht. Ich dachte, … wir kümmern uns um
Zukunft. Geben Strukturen vor, sortieren, kuratieren eben.

AYLIN Kura-was? Red´ deutsch!

TIM Also *Zukunftskuratoren* soll besser klingen als *Generation
Jetzt*? Das ist doch Unsinn.

LENA Ich find´ beide blöd!

JONAS Und du, Cassy, findest du auch beide blöd?

CASSY Lasst uns doch mal einen Schritt zurückgehen. Was wollen
wir überhaupt?

LENA Ich sag´s gleich: Wenn das Thema Klima nicht mindestens
auf Seite Eins steht, bin ich raus!

TIM Wenn du Klima willst, brauchst du Wirtschaft. Ohne Geld,
    gibt's keine Innovationen, keinen Wandel!
AYLIN Wir brauchen mehr Gerechtigkeit. Wenn's nur für Reiche
    Lösungen gibt, bringt uns das Thema Klima auch nix.
5 JONAS Gerechtigkeit ist aber ein weites Feld. Wenn du auf
    bedingungsloses Grundeinkommen raus willst ...
CASSY Da gibt es ja jetzt Studienergebnisse zu. Das
    Grundeinkommen scheint auch nicht die Lösung zu sein. Aber
    lass Aylin doch mal ausreden.
10 AYLIN Unsere Nachbarn protzen die ganze Zeit, wie nachhaltig
    sie jetzt alles machen. Mit ihrer neuen Wärmepumpe und
    der Ladestation vor dem Haus für ihr schickes, neues e-Auto.
    Mein Vater fährt jedes Wochenende für das Busunternehmen,
    damit wir das Haus, in dem wir seit Omas Tod leben,
15   überhaupt an die anderen Erben abbezahlen können. Deine
    schöne Klima-Welt kannst du dir sonstwohin kleben, Lena.
    Ich sehe meinen Vater so gut wie gar nicht mehr! Und komm
    mir nicht mit bedingungslosem Irgendwas, Jonas, meine
    Familie arbeitet hart für ihr Geld!
20 TIM Jetzt reg' dich mal ab, Aylin. So können wir nicht
    miteinander reden. Ich brauche 'ne gute Note, sonst fang
    ich mir eine von meinem Alten. Meine Schwester hat schon
    wieder 'ne Eins nach Hause gebracht. Ihr Hühner könnt doch
    jetzt auch mal 'nen Ei legen!
25 CASSY Ey, hier geht es doch nicht nur um 'ne Note? Das hat doch
    auch was mit unserem Leben zu tun? Mir liegt echt was an
    unserer Demokratie. Glaubt ihr nicht, es könnte auch anders
    laufen ...?
LENA Ich hab' die Schnauze voll, dass sich nichts bewegt. Fridays
30   waren cool, aber ... es ändert sich nichts.
TIM Ich will nicht nur mitlaufen. Ich will verstehen, wie das
    System funktioniert ... und wo es versagt. Da müssen wir
    ansetzen.

AYLIN Ich will, dass meine Schwester später sagen kann: Ihr habt
    nicht nur gemeckert. Ihr habt Verantwortung übernommen!
JONAS Ich hab' mitangesehen, wie mein Vater in der Pandemie
    untergegangen ist. Mein Onkel ist einfach gestorben. Die
    Selbstständigkeit, alles weg. Ich will, dass man sich anders
    an den Familienbetrieb erinnert. Ich will, dass das nicht
    vergessen wird.
    Cassy nimmt einen der Stifte auf und schreibt auf das Flipchart:
    »Warum wollen wir eine Partei gründen? Einander halten.«
CASSY Vielleicht ist das unser Anfang.
LENA Was soll denn das bitte?
CASSY Eine Partei gründen, die nicht einfach nur fordert,
    sondern hält. Die nicht spaltet, sondern verbindet?
AYLIN *springt auf und schaut skeptisch von einem zum anderen.*
    Wie bitte schön, soll das denn gelingen?
CASSY Indem wir herausfinden, was uns zusammenhält, trotz all
    dem ...
    Cassy zeigt auf Aylin und reih'um dann auf die anderen.
    Familie, Freundschaften, Nachbarschaft, Glaube, der Bezirk, in
    dem wir leben ...
JONAS Die fünf sozialen Netze.
TIM Häh, wo seid ihr denn jetzt unterwegs?
JONAS Da habe ich schon mal was 'drüber gelesen. Wenn du
    in keinem dieser Netze aufgehoben bist, geht's dir schlecht.
    Politik sollte diese Netze stärken und auf keinen Fall ersetzen.
LENA Das klingt nach 'nem Programm.
AYLIN Nach 'nem scheiß Programm. Wegen »Glaube« gibt's
    scheiß Kriege.
TIM Wir haben gerade Konfirmation gefeiert, war gar nicht so
    übel.
AYLIN Bewirb dich doch als Papst!
JONAS Dafür müsste er katholisch sein.
LENA Und kurz vorm Tod. Uns Jugend nimmt eh keiner ernst.

                                                Dritte Szene

CASSY Wie auch. Wenn wir uns selbst nicht ernst nehmen? Es ist
doch okay, wenn Aylin »an nichts« glauben möchte.

JONAS An »Nichts glauben« ist genau genommen ein Glaube.

AYLIN Ich glaube an meine Familie. Wer sagt denn, dass ich an
nichts glaube?

TIM Jonas hat ja gesagt, „wer in keinem Netz aufgehoben ist", ist
arm dran. Auf meine Familie könnte ich gut verzichten, aber
dafür bin ich froh, mit dem Fußballverein in die Bezirksliga
aufgestiegen zu sein. Das gibt Halt, das stimmt schon!

LENA Und Anerkennung! Passt mit deinem Ego seither ja durch
keinen Türrahmen mehr.

*Die Mädchen lachen, Tim wird rot, steht auf. Aus dem Off
kommt der Applaus und Jubel für ein „Tor".*

AYLIN Da haben wir schon mal unseren „Spitzenkandidat". Fehlt
uns nur noch der Parteiname.

JONAS Ohje, die Stunde ist gleich schon wieder ´rum.

TIM Los, Cassy, was steht in deinen schlauen Notizen?

CASSY Noch gar nichts. Ich wollte mal hören, was ihr so
vorschlagt!

Cassy schlägt schnell ihren Schreibblock zu.

LENA Belügst du uns jetzt, wegen sowas? Und die redet von
Parteiarbeit, die einander trägt.

CASSY Nein, wirklich nicht. Ich habe nichts.

AYLIN Und warum hast du dann schnell zugeklappt? Was steht
denn da, was keiner lesen darf?

CASSY *seufzt.* Die blaue Hand. Aber das war nur eine
Gedankenstütze für mich, für die fünf sozialen Netze.

TIM Klingt wie ein Supervillian.

AYLIN Oder ein Escape-Room-Spiel.

LENA Oder ´was, das nachts unter deinem Bett wartet.

JONAS *denkt laut. »Die blaue Hand«* ... weil sie hält und nicht
zerstört!

TIM Auf keinen Fall!   *Schulglocke. Die Lichter gehen aus.*

Die fünf sozialen Netze:

im Leben ... UND NICHT IM INTERNET!

„Was Menschen trägt!"
- Nicht jeder hat alle fünf, aber niemand
sollte ohne eins leben müssen.

Netz	Was es bedeutet
FAMILIE	Menschen, mit denen man aufwächst (auch Patchwork, Pflegefamilien, Wahlfamilie)
FREUNDE	Menschen, die dich mögen, weil du Du bist
NACHBARSCHAFT	Wer um dich herum lebt – Straße, Stadtteil, Hausgemeinschaft
GLAUBENS-GEMEINSCHAFT	Wenn du Teil einer spirituellen Gruppe bist
KOMMUNE	Deine Schule, dein Sportverein, deine Stadt – also dein Lebensumfeld

1.   Was sind soziale Netze?

Soziale Netze sind Beziehungen, in
denen wir uns geborgen, gebraucht
und gesehen fühlen.

2. Was passiert, wenn diese Netze reißen?

* Einsamkeit, Unsicherheit
* Angst, übersehen zu werden
* Anfälligkeit für Wut
* Radikalisierung oder Rückzug

Warum es wichtig ist

Erste Bindung,
Schutz, Rückhalt

Zuhören, Spaß, Verständnis

Hilfe im Alltag, Sicherheit, Nähe

Sinn, Werte, Zusammenhalt

Teilhabe, Stimme, Angebote

Und du? Was sind deine Netze?

Kleine Übung:

Zeichne fünf Kreise – einer für jedes Netz.

Schreib rein, wer dich darin hält.

Überlege:
Wo könntest du selbst jemanden halten?

Und was kann Politik tun?

POLITIK kann:
* Familien unterstützen (z. B. durch Elterngeld, Kitas, Beratung)
* Räume für Freundschaften schaffen (z. B. Jugendzentren, sichere Parks)
* Nachbarschaft stärken (z. B. durch bezahlbaren Wohnraum, Begegnungsorte)
* Religionsfreiheit schützen – ohne Bevorzugung
* Kommunen fördern – mit Geld, Beteiligung, Demokratieprojekten

Vierte Szene

*Nach der Pause. Die Gruppe IV sitzt verteilt im Schulzimmer,
alle sind etwas müde, Handys in den Händen.
Lena tippt etwas in ihr Handy. Jonas schaut über ihre Schulter.*

JONAS Hashtag „Haltung". Über drei Millionen Treffer.

LENA Hier: #stayloud, #ichbinmehr, #climatejustice... Klingt alles
gut, oder?

TIM Wie unterscheidet sich das jetzt von Sparkassen-Werbung?

AYLIN Na und? Wenn's hilft, Aufmerksamkeit zu schaffen...

TIM ...dann ist es immer noch Show. Haltung ist nicht, was du
postest. Haltung ist, was du machst, wenn keiner mehr Lust
hat zu jubeln.

JONAS Ist halt nicht alles Champions League!

CASSY Ich bin müde. Wir schmeißen hier mit Buzzwords um uns,
die wir schon gefühlt tausendmal gehört haben und irgendwie
keiner mehr weiß, wofür die eigentlich stehen ...?

LENA Doch, Cassy! Für Klima, für Gerechtigkeit, für
Menschenrechte. Das ist alles sehr real!

CASSY Glaubst du echt, wir zeigen Haltung, indem wir coole
Reels schneiden und hochladen?

AYLIN Es geht doch nicht um cool. Es geht darum, sichtbar zu
sein.

TIM Dann nimm dir doch 'nen Pappschild und lauf damit 'rum.
Aber nenn' das dann nicht Haltung ...

LENA *springt auf.* Ja, der Herr Spitzenkandidat weiß schon wieder
alles besser? Sich einsetzen, heißt eben auch, Sichtbarkeit
zu erzeugen und gesehen zu werden! Nur weil du keine
Likes brauchst, heißt das nicht, dass alle anderen nur Unsinn
machen!

JONAS Vielleicht liegen wir doch gar nicht soweit auseinander?

CASSY *steht auf und geht ans Flipchart.* Lasst uns einfach mal
sammeln, was jeder wirklich meint: In einem Satz!

*Cassy dreht den anderen den Rücken zu und schreibt: »Wir
stehen für …«*
*Tim zeigt Jonas hinter vorgehaltener Hand einen kleinen
Gegenstand, beide lachen, sind mit einem Mal wieder wach.*

5 CASSY Okay, nicht alle auf einmal. Bitte Lena, sag' einen Satz,
   den du ehrlich meinst. Nicht für Insta, nicht für die Schule.
LENA Keine Hashtags?
CASSY Keine Phrasen!
JONAS Also Sprache lässt sich ja auch nicht beliebig neu
10   erfinden? Was soll das denn bringen?
AYLIN Lass sie doch mal. Ist doch spannend, ob wir wirklich was
   Neues hinbekommen?
CASSY Es muss ja nicht unbedingt neu sein, einfach ehrlich: Was
   ist dir für Politik am Wichtigsten?
15 LENA … dass die Welt uns noch braucht, auch wenn sie es
   manchmal vergisst und wir beizeiten auch noch weggesperrt
   werden, weil wir ja nicht *systemrelevant* sind.
   Alle sind ganz still.
JONAS Das waren jetzt eher zwei Sätze.
20 AYLIN Klappe, Jonas.
TIM … dass Freiheit nicht heißt: Ich zuerst. Sondern: Du auch!
   Keine Ahnung wie viele Sätze das waren, ist mir auch egal.
AYLIN … dass niemand allein stark sein muss!
JONAS … dass Fortschritt ohne Menschlichkeit gefährlich ist.
25 CASSY … dass wir uns gegenseitig halten. Auch wenn's mal
   schwerer ist.
   *Stille. Keiner schaut auf sein Handy, alle hängen den
   gesprochenen Worten nach.*
CASSY Oh je, wie schreibe ich das auf, dass einer, der jetzt gerade
30   nicht hier war, das fühlt, was wir gerade fühlen konnten?
   Alle schauen einander an, dann Licht aus.

Fünfte Szene

Auf dem Flipchart stehen mehr Worte: Zusammenhalt, Wir stehen für ..., Fünf Netze, Tim ist Spitze. Tim jongliert mit dem Stift und legt ihn wieder zurück, bevor er sich auf einen anderen Stuhl setzt, nah am Bühnenrand.

AYLIN Ich finde es scheiße, dass unsere Lehrerin uns nachsitzen lässt, nur weil wir noch nichts Fertiges abzuliefern wussten.

CASSY So hat sie es doch nicht gemeint, wir sind doch alle freiwillig hier!

LENA Genau, weil wir die Welt retten wollen und nicht wie die anderen, einfach mal aus den Wahlprogrammen der Parteien mit Copy&Paste drei Handout-Seiten befüllt haben.

TIM Also, einer muss das hier schon mal in ein brauchbares Konzept schreiben. Heute Abend ist Fußball-Training, da darf ich nicht zu spät kommen.

LENA Als wenn du schreiben könntest!

JONAS Ich hab' schon einiges zusammen, Cassy, ich habe mich eben bei Frau Müller nur noch nicht so richtig getraut. Und wir haben das ja auch noch nicht abgestimmt.

TIM *hebt die Hand.* Ich bin dafür!

AYLIN Bist du geisteskrank?

TIM Ich muss vor dem Training noch essen!

LENA Es geht hier nicht ausschließlich um dich, Tim! Auch wenn wir sehr viel Mitgefühl verspüren, dass dein Vater dich vertrimmt. Er nimmt mir fast die Arbeit ab.

CASSY *reicht Tim einen Apfel aus ihrem Rucksack.* Bitte, Leute!

JONAS Also für eine, die so gerne von Menschenrechten redet, fand ich das jetzt echt unterirdisch, Lena. Entschuldige dich mal!

LENA Ja, war scheiße von mir. Tut mir leid, Tim.

TIM Ich brauch' euer Mitleid nicht. Ich muss nur pünktlich zum Training!

Cassy hat sich von Jonas seine Aufzeichnungen zeigen lassen.

CASSY Das sieht gar nicht so schlecht aus. Jetzt brauchen wir immer noch einen Namen.

Cassy und Jonas treten ans Flipchart und diskutieren. Tim holt eine kleine 3D-gedruckte Handsilhouette aus seiner Tasche, deren blauen Schatten er mithilfe seines Handys an die Wand wirft. Als Jonas sich zu Cassy umdreht, sieht sie einen blauen Schatten über sein Gesicht laufen und erschreckt sich fürchterlich. Die anderen brechen in lautes Lachen aus.

AYLIN Ich finde, wir nehmen *Die blaue Hand*.

LENA Gibt es nicht schon genug blaue Parteien zum Gruseln?

AYLIN Der Name ist wie 'ne ganze Geschichte.

JONAS »Die blaue Hand« ist eine ganze Geschichte, aber wie wäre es denn mit *Rethinking The Blue Hand*? Sowas hat keiner. Und Aufmerksamkeit wäre uns damit sicher!

CASSY Sag mal, wollt ihr euch jetzt komplett über mich lustig machen?

LENA Der Name ist ein klares Signal. Egal wie gut unser Inhalt ist, nimmt uns doch sonst keiner wahr!

TIM Und deshalb nennen wir uns wie einen Gruselschocker aus den 70ern?

JONAS Ne, aus den 30ern um genau zu sein. Und irgendwie passt das ja schon wieder. Ich finde, wir sollten uns die Farbe „blau" nicht so einfach wegnehmen lassen ...

TIM Also, ich hab ja schon gesagt: *Generation Jetzt*. Modern, positiv, selbstbewusst.

LENA Wir brauchen aber was mit Tiefe und ... mit Haltung!

JONAS Ich find *Rethinking The Blue Hand* immer noch stark. Weil es aus dem Widerspruch kommt.

TIM Was denn für ein Widerspruch. Ey, Leute, das gerade war ein Spaß! Mehr nicht!

AYLIN Naja, es irritiert eben jeden. Erzeugt Nachfragen, du willst doch jetzt auch mal 'ne gute Note haben?

Tim und Cassy schauen sich ratlos an.

TIM Ey, jetzt stresst nicht!

JONAS Es irritiert und damit transportiert es eine Verwandlung, von der Bedrohung hin zu einem Versprechen.

TIM *zu Cassy.* Ist das hier jetzt versteckte Kamera?

CASSY Also nochmal »blau«, so im Parteienspektrum ... Wir haben ja nur 15 Minuten für unsere Präsentation ...

AYLIN Und deshalb ist es so wichtig, dass wir Neu-Denken nach vorne stellen. Und das haben ja schon andere versucht und sind kläglich damit gescheitert. Da müssen wir halt deutlich machen, dass wir tiefer graben. 30er ist doch mal ein Wort!

TIM Ich muss jetzt gleich zum Training.

CASSY Und ich muss mich jetzt mal setzen. Oh Mann, ich krieg' Kopfschmerzen ...

JONAS Alles gut! Ich schreib' das nachher noch ins Konzept und du, Cassy, machst dann heute Abend noch ein Plakat. Geht das?

CASSY Und was macht ihr?

TIM Fußball!

LENA Ich hab' gleich Klavier und muss noch was üben.

AYLIN Ich muss mit meiner kleinen Schwester Englisch-Vokabeln üben, die hat immer Schwierigkeiten ...

CASSY Ist das euer Ernst?

AYLIN Besser wird es nicht, Cassy. Sieh es ein und mach' das Beste draus ...

CASSY Das kann ich meiner Mutter nicht erklären.

AYLIN Was hat das denn mit deiner Mutter zu tun?

LENA Alles, was sie macht, hat was mit ihrer Mutter zu tun!

TIM Warum lernst du Klavier?

LENA Muss ich nicht zu geprügelt werden, wenn du das meinst!

JONAS Leute, Leute, bin ich froh, dass ich nicht wirklich mit euch in einer Partei bin!

AYLIN *schaut auf die Uhr.* Alles gesagt?

   Fünfte Szene

CASSY Genau das ist es, was mich so aufregt! Wir haben gar
    nichts gelernt! Wir *sind* nun mal in einer Partei!
LENA Jetzt reg' dich mal ab. Wir haben doch das Beste draus
    gemacht. Ich wäre auch lieber mit Chiara, Ben und Carlos in
    der Gruppe gewesen ...
TIM Klar, die Ökofaschisten. Und was hättet ihr da erreicht,
    schön alle eure Vorurteile aufgeschrieben und euch fleißig
    zugenickt. Hier diskutieren wir wenigstens.
CASSY Diskutieren nennst du das? Das Gift, das ihr hier die
    ganze Zeit hin und her versprüht, das ist doch keine politische
    Kultur!
AYLIN Wir sind ja auch keine Politiker!
LENA Gott sei dank!
CASSY Sieht so für euch politische Verantwortung aus?
    Cassy packt wütend ihren Rucksack.
JONAS Wir kriegen das bis morgen schon hin. Ich schick' dir
    gleich die Datei 'rüber!
CASSY Dann geht mal alle schön trainieren! Klavier, Fußball und
    Englisch-Vokabeln ...! Vergesst euren Kopf dabei nicht!
    Cassy verlässt wütend das Zimmer.
TIM War das jetzt ein Parteiaustritt?
JONAS Die ist nur sauer, weil sie sich nicht ernst genommen
    fühlte.
TIM Dann komme ich wenigstens pünktlich zum Training.
LENA Vergiss Cassy nicht, ein Starfoto von dir zu schicken, für's
    Plakat.
TIM *streckt Lena die Zunge raus.* Das findet sie leicht in der
    Lokalpresse! Da war ich mehr als einmal die Topmeldung im
    Sportteil!
LENA Na, dann sehen wir mal zu, ob wir dich auf die Seite Eins
    bringen!
    Tim pfeift leise. Licht aus!

POLITIK IST BEWEGUNG:

AUCH IM PARTEIENSYSTEM!

In einer Demokratie finden sich neue
Bündnisse – Parteien erstarken und
schwinden.

<table>
<tr><td colspan="2">Beispiele aus der Gegenwart</td></tr>
<tr><td>PARTEI</td><td>WAS PASSIERT IST</td></tr>
<tr><td>AfD
(2013 GEGRÜNDET)

seit 2025</td><td>Wuchs aus Eurokritik
– wurde später
rechtspopulistisch,
als „gesichert
rechtsextremistisch"</td></tr>
<tr><td>BSW – BÜNDNIS
SAHRA WAGENKNECHT
(2024 GEGRÜNDET)</td><td>Abspaltung von der Linken.
Neue Partei mit
sozialem und
nationalem Fokus.</td></tr>
<tr><td>FDP
(SEIT 1948)</td><td>nach der BTW 2025
zum zweiten Mal in der APO
– außerparlamentarische
Opposition des Bundestags</td></tr>
</table>

Das zeigt uns: Politik ist nie fertig. Sie
verändert sich mit den Sorgen, Hoffnungen
und Stimmungen im Land.

Marktforschungsinstitute befragen das ganze
Jahr die Menschen in einer Demokratie
repräsentativ, wie zufrieden sie mit der
geleisteten Politik sind.
In der sogenannten „Sonntagsfrage" geben
Menschen an, wen sie wählen würden.

Warum verlassen Menschen Parteien oder gründen neue?

* Unzufriedenheit mit Kurs oder Führung
* Gefühl, nicht gehört zu werden
* Klarere Haltung zu bestimmten Themen (z. B. Klima, Migration, Wirtschaft)
* Wunsch nach mehr Einfluss, Profil oder Sichtbarkeit

WAS MAN DARAUS LERNEN KANN

Manchmal kippt eine Partei
vom Protest zur Gefahr
für die demokratische Ordnung.

Spaltungen entstehen,
wenn man sich nicht
mehr verstanden fühlt und
es neue Wege braucht.

Auch 46 Jahre Regierungserfahrung
befreit nicht von der Frage:
Was erwarten Menschen von uns?

Demokratie lebt von Vielfalt.

Das ist richtig und wichtig!

Wenn Parteien nicht demokratisch denken und handeln, widerspricht dies unserem Grundgesetz!

Wie erkenne ich, ob eine Partei gefährlich wird? Welche Muster kennen wir aus der Vergangenheit?

* Fordert eine Partei, dass andere Einstellungen und Lebensweisen verboten werden?
* Macht sie bestimmte Gruppen zum „Feind"
(z. B. Ausländer:innen, Medien, Lehrer:innen)
* Diffamiert sie Andersdenkende als „Systemparteien",
„Lügenpresse" oder spricht von „Umvolkung"
* Gilt ihre Politik nur „dem eigenen Volk"? Fragt nach!

Sechste Szene

Spätabends in der Küche. Im Halbdunkel sitzt Cassy am Küchentisch und ist eingeschlafen. Vor ihr liegt das halbfertige Plakat und ihre Arbeitsutensilien.

Sie seufzt schwer. Blaulicht lässt eine Hand erschimmern, die Cassy den Rücken hochläuft und ihre Hand ergreift, um das Plakat in weiten Schwüngen fertig zu malen.

CASSY Ja, ja, ich mach gleich das Licht aus, Mama, nur noch das Plakat fertig machen.

Die schlafende Cassy wird von einer gleichgekleideten Schauspieler:in ersetzt, während Cassy, scheinbar erwacht, Die blaue Hand beim Zeichnen auf dem Plakat beobachtet.

CASSY Du kannst ja so schön malen! Das sieht Tim nun richtig ähnlich, ich hatte nur das kleine Foto ...

Die blaue Hand legt Cassy den Finger auf die Lippen.

DIE BLAUE HAND Der Worte sind genug gewechselt. Warum ist dieser Junge auf dem Plakat? Hast du denn nichts gelernt?

Die blaue Hand nimmt Cassy an der Hand und beginnt, mit ihr zu tanzen und sie in eine Pirouette zu drehen. Cassy stolpert und fällt fast hin.

CASSY Entschuldige, ich kann nicht so gut tanzen!

DIE BLAUE HAND Hör auf, dich zu entschuldigen! Hattest du nicht gute Ideen? Wenn du schon nicht tanzen kannst, warum machst du dann nicht was aus deinen Ideen? Oder kannst du Fußball spielen?

CASSY Ich kann ... nicht ... Fußball spielen. Wer bist du?

DIE BLAUE HAND Ich bin die, die du gerufen hast!

CASSY Oh nein, das war ich gar nicht!

DIE BLAUE HAND Noch eine Ausrede? Lüg' mich nicht an, Cassy! Wolltest du nicht eine Partei gründen?

CASSY Es ist eine Aufgabe, in der Schule!

DIE BLAUE HAND All die Recherche ...

CASSY Nein, nein es ist eigentlich mehr! Ich will es wissen ...

DIE BLAUE HAND Was willst du wissen? Ob du eine Demokratin
sein kannst?

CASSY Ich bin eine Demokratin!

DIE BLAUE HAND Und was hast du geleistet? Weggerannt bist du!
Glaubst du, das habe ich nicht gesehen? Und geheult hast du!

CASSY Ich war nur müde, das war echt anstrengend ...

DIE BLAUE HAND Noch eine Entschuldigung?

CASSY Geh' weg. Ich habe dich gar nicht gerufen!

DIE BLAUE HAND *lacht.* Das hat Digby auch gesagt! Aber ich
komme zu denen, die ich warnen muss. Lass die Unschuldigen
in Ruhe!

CASSY Wenn du doch alles weißt, dann sag mir, wie ich es besser
mache ...

DIE BLAUE HAND Bleib fern von Digby Groat! Er will die
Schwachen beherrschen.

CASSY Digby Groat? Wer soll das sein?

DIE BLAUE HAND Er ist der Sohn meiner Schwägerin!
Cassy nimmt die Hände an ihre Schläfen.

CASSY Ich weiß doch, wer Digby Groat ist. Mit der blauen Hand
kann niemand sprechen.
*Cassy hebt den Blick suchend ins Halbdunkel, die blaue Hand ist
nirgends mehr zu sehen.*

DIE BLAUE HAND Frag mich was du wissen willst!

CASSY Warum warst du wütend? Was habe ich falsch gemacht?

DIE BLAUE HAND *schallt jetzt aus verschiedenen Richtungen.* Du
hast dich kleingemacht. Du hast gezögert, wie ein Kind unter
Erwachsenen. Du wolltest nicht führen.

CASSY Ich wollte lernen. Ich wollte niemanden überreden,
sondern verstehen, wie es geht. Mit der Politik. Einer Politik
auf Augenhöhe.

DIE BLAUE HAND Und was hast du bis jetzt gelernt. Bist du
inzwischen bereit, die richtigen Fragen zu stellen?

CASSY Wie macht man Politik für alle, wenn jeder seine Hände
     nach der Macht ausstreckt?
DIE BLAUE HAND Wie willst du verändern ohne Macht? Du musst
     dich immer entscheiden, jeden Tag auf's Neue! Wenn du
     kannst und nichts tust, ist das Machtmissbrauch. Es gibt nichts
     Gutes, außer man tut es!
CASSY *schaut sich suchend um.* Das ist von Erich Kästner!
DIE BLAUE HAND Bist du sicher, dass er es nicht von mir hat?
CASSY Mann, bin ich durstig! Ich muss was trinken.
     Cassy öffnet den Kühlschrank und mit einem Schlag fällt ein
     kalter Lichtstrahl aus der geöffneten Kühlschrank auf die
     schlafende Cassy am Tisch, hinter der Digby Groat steht.
DIGBY GROAT Ein schönes Plakat!
     Cassy will zu ihrem schlafenden Alter Ego, aber kann die Füße
     nicht mehr vom Boden lösen.
DIGBY GROAT So ein würdiger Kandidat. Der wird es mal weit
     bringen. Ein Vater, der einen misshandelt, das motiviert.
CASSY Tim wird nie so widerlich wie Sie!
DIGBY GROAT Ach ja?
CASSY Tim hat Freunde ...
DIGBY GROAT Bis er sie betrügt und belügt. Fein, dass du ihn
     so treffend aufs Plakat gemalt hast. Das eröffnet ihm viele
     Chancen!
CASSY Tim hat ein Gewissen.
DIGBY GROAT Kann er sich noch leisten! Warte mal bis zu seiner
     ersten fieseren Sportverletzung. Und wenn er von Papa nichts
     erbt ...
CASSY Tim ist dann versichert!
DIGBY GROAT Ach so, und das macht ihn dann zum besseren
     Menschen? Ist er denn der Bessere? Habt ihr in euren
     demokratischen Herzchen überhaupt abgestimmt, wer für
     euch aufs Plakat geht? Ihr schickt ihn in die Hölle!
CASSY Es ist nur ein Schulprojekt!

Dɪɢʙʏ Gʀᴏᴀᴛ Ach, ihr spielt Politik? Naja, ihr seid ja noch Kinder.

Cᴀssʏ Verschwinden Sie! Sie haben in unserer Küche nichts
    verloren!

Dɪɢʙʏ Gʀᴏᴀᴛ Ich bin gespannt, wie du das mit der Macht löst,
    kleine Cassy! Es gibt nichts Gutes, außer man tut es!

Cᴀssʏ Das ist von Erich Kästner!

Dɪɢʙʏ Gʀᴏᴀᴛ Warst du dabei, als er es aufgeschrieben hat?
    Vielleicht stand das ja auch im Tagebuch von Joseph
    Goebbels? Ist es dann weniger richtig?

Cᴀssʏ Ich lass mich von Ihnen nicht verführen!

Dɪɢʙʏ Gʀᴏᴀᴛ Wozu denn, kleine Madame? Du bist mir noch
    zu jung! Geh' doch noch ein bisschen Demonstrieren und
    beende erst einmal diese Schule, in die du gehen musst!
    Ihr armen Geschöpfe!

Cᴀssʏ Hau ab!

*Cassy wirft die Kühlschranktür zu, in diesem Moment ist Digby
Groat verschwunden und Cassy hebt überrascht am Küchentisch
den Kopf.*

Cᴀssʏ Oh je, das Plakat ist ja noch gar nicht fertig! Vielleicht frag'
    ich Tim lieber noch einmal, ob er wirklich auf das Plakat will?

Cassy legt den Kopf schwer in die Hände.

Cᴀssʏ Ich hab' von Digby Groat geträumt.

Der Fernseher springt an.

Dᴇʀ Bᴜɴᴅᴇsᴋᴀɴᴢʟᴇʀ Du hast ihn eingeladen, junge Frau!

Cᴀssʏ Wer bist du denn?

Dᴇʀ ʙᴜɴᴅᴇsᴋᴀɴᴢʟᴇʀ Na, dein Kanzler! Denkst du ich bin der
    Papst? Was sollten die Heimlichkeiten mit Digby Groat?

Cᴀssʏ Oh Gott, wahrscheinlich kommt gleich noch der Papst in
    unsere Küche, ich gehe lieber schnell schlafen!

Cassy erhebt sich, die Lichter erlöschen.

Dᴇʀ ʙᴜɴᴅᴇsᴋᴀɴᴢʟᴇʀ Schlaf gut, liebes Kind.

Der Fernseher geht wieder aus.

Leise das Wiegenlied aus Bertolt Brechts »Mutter Courage«.

Meinung machen oder manipulieren?

„Wenn alle das Gleiche sagen, muss es nicht stimmen. Und wenn's sich richtig anfühlt, muss es nicht wahr sein."

 1. Wie entsteht eine Meinung?

Deine Meinung ist nicht einfach „da", sie wird geprägt durch:

- das, was du erlebst,

- das, was du hörst,

- das, was du für glaubwürdig hältst.

Das ist normal und menschlich.
Aber es macht dich auch beeinflussbar.

2. Wer beeinflusst unsere Meinungen?

* Familie, Schule, Freundeskreis

* Medien (Nachrichten, Talkshows, Youtube, Podcasts)

* Social Media (Instagram, TikTok, Twitter/X)

* Influencer*innen und Meinungsmacher

* Parteien, Lobbygruppen, Werbekampagnen

ALLE WOLLEN AUFMERKSAMKEIT. MANCHE WOLLEN AUCH: DEINE ZUSTIMMUNG.

3. Was ist der Unterschied zwischen Meinung machen und manipulieren? In der Regel:

Meinung machen	Manipulieren
- informiert	- lenkt
- zeigt Quellen	- versteckt Absicht
- erlaubt Widerspruch	- schürt Angst oder Schuldgefühle
- fragt	- schreit

4. Woran erkenne ich Manipulation? Typische Warnzeichen:

* Nur eine Seite der Geschichte wird gezeigt
* Es wird Angst gemacht („Wenn wir nichts tun, passiert...")

* „Die da oben", „die anderen", „die Wahrheit" werden als absolut verkauft

* Falsche Zusammenhänge werden behauptet (z. B. „Seitdem es mehr Windräder gibt, ist das Wetter schlechter.")

* Merke:

Wenn etwas zu einfach klingt, ist es meistens nicht ganz ehrlich.

Und was ist meine Verantwortung?
Eine eigene Meinung zu haben, ist gut.
Sie nicht blind zu verteidigen, ist besser.
Und zuzuhören, auch wenn's unbequem wird, ist demokratisch.

MERKSATZ:

„Wirklich denken heißt, sich irren dürfen."

Siebte Szene

Früh in der Küche. Sanftes Licht. Eine dampfende Teekanne auf dem Küchentisch. Die Mutter sitzt am Tisch und geht einige Schriftstücke durch. Cassy kommt dazu.

MUTTER So früh schon auf den Beinen?

CASSY Ich hab von der blauen Hand geträumt.

MUTTER Und wie war sie so?

CASSY Fast noch gruseliger als Digby Groat, von dem weiß man ja, dass er ein gefährliches Ekel ist! Haben wir inzwischen einen neuen Bundeskanzler?

MUTTER Hhm.

CASSY Scheint dich auch nicht mehr zu interessieren?

MUTTER Erzähl mir lieber von deinem Schulprojekt ... entschuldige, ich meine von eurer Parteigründung.

CASSY Läuft nicht so.

MUTTER Das Plakat sieht doch recht gut aus, ich habe sogar Tim, den Fußballspieler, erkennen können.

CASSY Ja, ich mache gleich noch zwei alternative Entwürfe, das sollen dann mal die anderen entscheiden ...!

MUTTER Hhm.

CASSY Die blaue Hand meinte, ich würde keine Verantwortung übernehmen.

MUTTER ... in deinem Traum?!

CASSY Gestern bin ich einfach weggerannt. Und dann musste ich vor lauter Ärger losheulen.

MUTTER Aber das ist doch gut! Da spürst du doch, dass es für dich wirklich um was geht? Mein Gott, vielleicht sitze ich gerade neben der zukünftigen Bundeskanzlerin?

CASSY Ach, Mama. Mach dich doch nicht auch noch über mich lustig!

MUTTER Meine liebe Kassandra, sehe ich aus, als ob ich mich über dich lustig machen würde. Ich habe den höchsten

Respekt vor dem, was ihr da macht. „Demokratieerziehung"
in der Schule. Uns hat man gerade mal die Holocaust-
Wanderausstellung im Erdkunderaum gezeigt. Auf der Straße
musstet du Angst vor Skinheads haben, aber wehe, wir
haben 'ne Schülerzeitung gestaltet, oder wollten mal was
Kontroverses in die Schule bringen ...

CASSY So anders ist das heute auch noch nicht, Mama. Ich bin
mal gespannt, wie heute die Präsentationen so laufen.

MUTTER Wird schon werden ...I

CASSY Ich habe, glaube ich, wirklich verstanden, warum du so
skeptisch warst. Will man nur Wirkung erzielen, kann man
sich ganz schnell verlieren.

MUTTER Deshalb braucht es eben nicht nur gute Absichten,
sondern ...

CASSY Innere Haltung, ja ich weiß!

MUTTER Habt ihr zusammen was erarbeitet, was dich zufrieden
stellen konnte?

CASSY Wir haben über die sozialen Netze gesprochen, die der
Staat unterstützen, aber nicht ersetzen darf.

MUTTER In zwei Einzelstunden? Da kannst du aber stolz sein auf
dich, Cassy. Da ging es ja richtig ums Eingemachte.

CASSY War wirklich nicht einfach. Aber das mit der Insel habe ich
weggelassen, die denken eh schon, dass ich spinne.

MUTTER Alle?

CASSY Ich weiß nicht, Jonas zumindest hat mitgearbeitet und das
Handout geschrieben.

MUTTER Alles fertig? In zwei Einzelstunden? Oder habt ihr mal
die KI gefragt?

CASSY Nee, wir haben tatsächlich mal miteinander geredet.

MUTTER »Krass«, wie man so sagt.

CASSY Mama, kein Mensch sagt mehr krass, also nur alte ...

MUTTER Du wirst auch älter, wirst du schon sehen!

CASSY Eigentlich wollte ich mich bei dir bedanken.

MUTTER Noch hast du gar nichts erreicht! Du hast gerade mal
    zweimal 45 Minuten Beratungen überstanden.
CASSY Frau Müller hat uns noch extra Zeit gegeben.
MUTTER Du verstehst schon, was ich meine. Den Konsens im
    kleinen Raum herzustellen, ist nur der erste Schritt. Da darfst
    du dich über jeden Widerstand freuen, denn der nimmt
    vorweg, was euch außerhalb des Beratungsraum erwarten
    wird.
CASSY Du meinst, das wird noch wilder?
MUTTER Na klar. Im Wettkampf der Ideen geht es nicht mehr
    um die Idee allein, sondern um die Aspekte, wer spricht,
    wer hat wieviel Glaubwürdigkeit. Das war schon ein cleverer
    Schachzug von euch, den erfolgreichen Tim aufs Plakat zu
    nehmen.
CASSY Hhm.
MUTTER Aber du hast euren Parteinamen noch gar nicht aufs
    Plakat gemalt.
CASSY Ist ja auch nicht so wichtig. Kommt doch auf die Inhalte
    drauf an!
MUTTER Wichtig für die Inhalte ist es, dass ihr die nicht
    blutleer mit Zahlen, Daten und Fakten runterbetet, sondern
    anschaulich durch Geschichten. Also ich meine erlebte
    Erfahrungen, zu denen andere Menschen »relaten« können,
    wie das neuhochdeutsch so gut heißt.
CASSY *seufzt.* Du würdest dich gut mit Jonas verstehen!
MUTTER Und der Name?
CASSY Soll ich noch mehr Tee machen?
MUTTER Ich glaube, da ist noch genug Tee in der Kanne. Was ist
    Cassy?
CASSY Ohje, mir ist das so peinlich, Mama!
MUTTER Es gibt keine peinlichen Parteinamen, die sind alle
    irgendwie schräg und kratzen nur an der Oberfläche.
CASSY Hhm.

MUTTER Und? Worauf habt ihr euch geeinigt?

CASSY »Die blaue Hand«

MUTTER Okay, das ist … ungewöhnlich …

CASSY Genau genommen: Rethinking The Blue Hand!

MUTTER Jetzt weißt du wenigstens, woher dein Traum kam.

CASSY Mama, die anderen werden uns nachher zerreißen!

MUTTER Dann denkst du einfach an deinen Traum! War Digby
Groat auch dabei?

CASSY Der und der Bundeskanzler!

MUTTER Naja, aber schlimmer kann es dann doch gar nicht mehr
werden?

CASSY Das war doch nur ein Traum …

MUTTER Nur ein Traum? Das waren 100 % Gefühle! Und wenn du
bei einer Präsentation stehst und hast das Gefühl, gleich die
Kontrolle zu verlieren, dann denkst du an das Schrecklichste,
was du durchleiden musstest, dann wirst du innerlich ganz
ruhig. Dann schaust du die anderen an, die wahrscheinlich
gerade genauso aufgewühlt sind wie du. Hör' sorgfältig zu,
was die gerade so umtreibt und gib' 100 Prozent.

CASSY Bei dir klingt das immer alles so einfach. Stell' dir doch nur
mal die Klasse vor, wenn wir da nachher von der blauen Hand
reden …

MUTTER Aber, das ist doch toll! Sicher wissen die meisten
in eurer Klasse nicht, dass die blaue Hand seit 2016 als
Gütesiegel für „behördlich genehmigtes Schulungsmaterial"
zur Kennzeichnung für Arzneimittelsicherheit eingesetzt wird
…

CASSY Nee, bestimmt nicht!

MUTTER Aber was viel wichtiger ist: vielleicht googlen deine
Freunde mal das neue Logo der UN für Menschenrechte …

CASSY Niemand googelt heute noch …

MUTTER … und dessen Entstehungsgeschichte von 2010 bis
2011, egal, wie du mit deinen Freunden die Infos bekommst!

Cassy Das sind nicht meine Freunde ...

Mutter Ach, soweit hast du es in der Parteiarbeit schon
gebracht?

Cassy Die haben die blaue Hand nur genommen, weil sie mir
eins auswischen wollten ...

Mutter ... oder ihnen nichts Besseres einfiel.

Cassy ... oder, um mich vor Frau Müller und dem Rest der Klasse
mal so richtig zu blamieren.

Mutter Alles klar, Aufmerksamkeit wird dir also schon einmal
sicher sein! Die Frage ist doch, was fängst du damit an?
Ich hoffe, du begreifst langsam, dass es in der Politik keine
Denk- und Sprechverbote geben sollte! Sonst ist es mit der
Meinungsfreiheit nämlich Essig.

Cassy Ich hoffe nur, Aylin oder Lena, präsentieren ...

Mutter ... oder Tim oder Jonas, Hauptsache nicht du?

Cassy Ne, muss wirklich nicht sein!

Mutter Verstehe, in der zweiten Reihe ist immer genügend
Platz.

Cassy Du fängst schon an, wie die blaue Hand ...

Mutter ... aus deinem Traum, die? Oder welche meinst du
jetzt? Das mit dem *Rethinking* gefällt mir irgendwie ...

Cassy Das war Jonas Idee.

Mutter Schlau. Ich muss jetzt Toby zum Kindergarten bringen.
Pack dir Äpfel ein und was zu trinken. Ich wünsche dir einen
schönen Tag in der Schule, hab' Spaß!

Cassy Das wird ein Spaß!

*Die Mutter verlässt die Küche. Cassy schaut ratlos auf die
Plakate. In einem Anfall von Wut kritzelt Cassy wild über das
fast fertige Plakat.*

Der Timer auf ihrem Handy klingelt.

Cassy Oh Mist, schon so spät!

Cassy packt schnell ihre Sachen zusammen. Lichter aus.

EINE EINFACHE IDEE:

MENSCHENRECHTE
BRAUCHEN EIN
EIGENES LOGO !

- ABER WELCHES ?

- WER SOLL DARÜBER
    ENTSCHEIDEN ?

- WIE KANN DER PROZESS
    GERECHT SEIN ?

- WER ENTSCHEIDET ?

- WER

  SCHLÄGT

  VOR ?

LOVE   =   ♥

PEACE   =   ☮

HUMAN
RIGHTS =   ?

humanrightslogo.net

190 Nationen
beteiligen sich

mehr als
15.300 Vorschläge
werden übermittelt

Entscheidung binnen
weniger Monate!

Achte Szene

Auf dem Schulflur. Cassy mit ihren Plakattafeln, Rucksack. Die anderen kommen dazu. Alle begrüßen sich. Die Lehrer:in tritt hektisch in die Gruppe.

LEHRER:IN Martin hat Magen, Chiara ist der Rechner abgestürzt, ihr seid jetzt zwei Gruppen vor, alles klar?

JONAS Alles klar.

Die Lehrerin ab, alle schauen sich überrascht an.

CASSY Ich dachte, wir wollen noch ´mal über das ein oder andere reden?

TIM Wir haben doch genug geredet! Zeig mal die Plakate!

Tim nimmt die Plakate Cassy aus dem Arm und legt sie nebeneinander auf den Boden.

TIM Tja, ich versteh´ ja nicht viel von Kunst, aber wie ich dich kenne, hast du dir dabei ja was gedacht.

CASSY Das sind jetzt noch mehr so Skizzen ... ich dachte, ich hätte noch ´ne Stunde?!

LENA Skizzen? Schon klar, hattest wohl keine Lust mehr!

CASSY Das ist gar nicht so einfach!

AYLIN Jetzt fangt nicht direkt wieder an zu streiten, es hat Cassy doch auch keiner geholfen.

LENA Als wenn die sich helfen lassen würde!

TIM Also mich hätte man sogar ganz gut erkennen können, wenn nicht irgendeiner mit ´nem Marker noch so das Zeichen des Zorros ´drübergeritzt hätte.

CASSY Das war Toby, mein kleiner Bruder ...

AYLIN Du hast Geschwister? Du wirkst immer so Einzelkind ...!

CASSY Und du wirkst immer so ...

JONAS Dann machen wir jetzt mal ´nen Plan: Aylin und Lena, ihr zwei geht mit mir die Handouts durch. Und Tim und Cassy ihr versucht jetzt mal, eins der Plakate in Ordnung zu bringen.

LENA Sagt wer?

JONAS Wir haben jetzt noch ungefähr zwanzig Minuten, aber
       nur zu, Lena, lass uns das doch paritätisch ausdiskutieren und
       in sechs bis acht Minuten haben wir dann herausgefunden,
       dass sich einige mit dem Handout auskennen sollten und wir
       bestensfalls noch ein präsentables Plakat haben. Glaubst du
       wirklich, dass uns das in einer Restzeit von 12 Minuten besser
       gelingen wird?
AYLIN Gut gesagt! Hauptsache ich muss nicht zeichnen!
       Die drei nehmen ihre Schultaschen und gehen aus der Szene.
TIM Du kannst echt gut zeichnen ...
CASSY ... eigentlich.
TIM Ja, war was los bei dir, dass du das gestern nicht mehr fertig
       bekommen hast?
CASSY Sag mal, Tim, willst du wirklich auf das Plakat?
TIM Da habe ich noch gar nicht 'drüber nachgedacht. Einer muss
       doch auf's Plakat. Das ist doch wie im Fußball, einer muss das
       Leder schließlich in den Kasten schießen.
CASSY Ja, schon. Aber das wird ja nicht nur angenehm werden.
TIM Ach, weißt du, Cassy, da habe ich bestimmt schon
       Schlimmeres erlebt.
CASSY Ja, aber, ehrlich, ich würde auch gerne noch einmal 'was
       mit euch machen wollen, und deshalb ...
TIM Ich kann mir keine schlechte Note leisten, Cassy!
CASSY Aber es sind ja gar nicht auf allen Politik-Plakaten immer
       die Gesichter von den Wahlkandidaten!
TIM Echt nicht? Hab ich ehrlich noch nie drauf geachtet.
CASSY Beim letzten Kommunalwahlkampf hat eine
       proeuropäische Partei nur wenige Worte auf lila Grund
       gesetzt und vier Ratssitze gewonnen.
TIM „Pro Europa" und warum hat die dann irgendwer auf
       kommunaler Ebene gewählt?
CASSY Weil die Menschen auf die Aussagen vertrauen konnten,
       das schien wichtiger, als wer da wirklich hinter steht.

TIM Ich kenn nur die Plakate von „Die Partei" und ich will nicht,
    dass die uns als Witz empfinden.
CASSY Deshalb war ich auch mit keinem meiner Plakate
    zufrieden.
TIM Ich hab ja immer noch den hier ...   5
    Tim holt den Schlüsselanhänger der blauen Hand hervor.
CASSY Wie hast du das eigentlich gemacht?
TIM Hab dem Kunstlehrer Fußballkarten für's Pokalspiel besorgt.
    Bei dem hatte ich also noch was gut, da hat er in der Pause
    mal kurz den 3D Drucker angeschmissen.   10
CASSY Du wärst wirklich ein gewiefter Politiker. Könnten wir gut
    zwanzig Stück von brauchen.
TIM *schaut auf die Uhr.* Aber nicht in den verbleibenden acht
    Minuten.
CASSY Richtig.   15
TIM Cassy, uns fehlt es doch nicht an Mumm, oder? Ich hab da
    eine Idee. Hast du noch 'ne unbemalte Rückseite?
    *Tim holt sein Handy raus und fängt an zu tippen. Die anderen
    kommen wieder dazu und schauen ratlos auf die am Boden
    liegenden unveränderten Plakate.*   20
CASSY Tim hat 'ne Idee.
LENA Hört, hört!
TIM Und ihr hört jetzt mal zu! Politik ist nämlich ein Teamsport!
JONAS Noch fünf Minuten!
CASSY Mir wird schlecht.   25
ALLE Iss 'nen Apfel!
    *Aus allen Türen kommen Schüler von einer Richtung in die
    andere gelaufen. Licht aus.*

                                                                          30

Neunte Szene

*Das Klassenzimmer. Eine Gruppe geht von der Bühne, verteilt
sich im Zuschauerraum. Tim und Lena treten vor und räumen
das aufgestellte Redepult beiseite. Rücken die Tafel nach vorne.
Alle stellen sich am Bühnenrand in einer Reihe auf. Die Lehrerin
spricht von der anderen Bühnenseite.*

LEHRER:IN Danke, dass ihr so gut vorbereitet seid, dass ihr jetzt
loslegen könnt.

TIM Zu jeder Zeit sprechfähig zu sein, ist das Ah und Oh in der
Politik, Frau Müller.

LEHRER:IN Dann nehme ich mal an, du, Tim, präsentierst?

TIM Nein, ich werde den Beamer bedienen.

*Tim nickt Cassy aufmunternd zu, geht zum vorderen
Bühnenrand. Cassy tritt mit Schreibstiften an die Schreibtafel.
Das Beamerlicht geht an und ein Reel läuft ab.*

JONAS *spricht bestimmt in die Musik.* Menschenrechte sind
uns nicht zu groß, als das wir nicht schon heute darüber
nachdenken könnten.

LENA *tritt von der Seitenlinie vor und durchquert den Klassenraum.*
Als moderne fortschrittliche Partei brauchen wir keine
Plakate, sondern klare Botschaften: wir schonen die Umwelt
und verschwenden keine Ressourcen, die es nicht braucht.

AYLIN *folgt Lena in die Raummitte.* Unser Parteiname beinhaltet
eine Aufforderung, keine leeren Versprechungen.

Der Beamer wirft den Schriftzug **Rethinking The Blue Hand**
*auf die Tafel, Cassy beginnt flink, die Buchstaben auf die Tafel
nachzuzeichnen. Ein belustigtes Raunen geht durch die Klasse.*

TIM Was uns zunächst als Arbeitstitel vorkam, haben wir
genauso belächelt wie ihr jetzt!

JONAS Unser Grundsatzprogramm stützt sich auf die Stärkung
von fünf Säulen: Familie. Freunde. Nachbarschaft. Glaube.
Kommune.

AYLIN Diese fünf können auch als soziale Netze verstanden
    werden, denn ein Mensch, der in keinem dieser Netze Halt
    findet, fällt tief.
    Cassy klebt ein Plakat mit den Fünf Säulen auf die Tafel.
JONAS Zu tief, wie wir finden. Die Pandemiefolgen haben uns
    vor Augen geführt, wie wichtig es ist, selbst Verantwortung zu
    übernehmen. Und dass der Staat uns selbst Verantwortung
    übernehmen lässt.
LENA Der Staat darf keines dieser Netze ersetzen wollen, noch
    mutwillig beschädigen.
    *Die Tür fliegt auf und der Lehrer aus der Nachbarklasse kommt
    rein.*
BIOLEHRER:IN Was ist denn hier los? Frau Kollegin, geht das
    vielleicht auch leiser? *(Mit einem Blick zur Tafel.)* Wird hier die
    Revolution geprobt?
LENA Wenn für Sie Neu-denken schon einer Revolution
    gleichkommt?
CASSY *tritt vor.* Unsere Aufgabe war: Eine Partei zu gründen.
Wir haben stattdessen versucht, eine Haltung zu finden.
BIOLEHRER:IN Haben wir in Deutschland nicht mehr als genug
    Parteien? Wollen Sie unsere Demokratie allen Ernstes noch
    mehr aushöhlen mit irgendwelchen Fantasie-Parteien?
LEHRER:IN Lehrplan, Herr Kollege?
    *Tim hält den Schlüsselanhänger vor den Beamer, dass die blaue
    Hand nach dem Rücken des Biolehrers greift. Gelächter aus
    dem Zuschauerraum.*
BIOLEHRER:IN *dreht sich erschrocken um.* Was soll denn das jetzt?
    Unverschämtheit!
CASSY Die blaue Hand war 1925 mal ein Symbol für Macht.
    Kontrolle. Angst. Seither ist viel passiert.
    *Tim lässt die Folie zu dem neuen Logo Menschenrechte
    einblenden.*
TIM Nicht nur wir haben sie neu gedacht.

                              Neunte Szene

Ein Raunen geht durch den Zuschauerraum.

JONAS Aus über 15.300 Vorschlägen, aus mehr als 190 Ländern
   wählte eine Jury ab Juli 2011 die besten Zehn. Aus diesen
   zehn Logos fand im Internet zwischen dem 27. August und 17.
   September 2011 die Wahl des Gewinnerlogos statt.

AYLIN So ist es möglich, Partizipation für Viele zu ermöglichen.

LENA Dieses Beispiel kann uns Mut machen, dass »Rethinking
   The Blue Hand« als Prozess gelingen kann. Es ist möglich,
   einander zuzuhören.

AYLIN Es ist wichtig, einander verstehen zu wollen!

TIM Für uns steht der Name „Die blaue Hand" für
   Verantwortung ...

BIOLEHRER:IN Gibt es da nicht auch diese Kennzeichnung für
   Medizinprodukte in Deutschland ...

CASSY Ja, seit 2016. Die Benutzung der „roten Hand" zur
   Kennzeichnung geht auf das Jahr 1969 zurück.

LENA Wir haben keine Angst, ein solches Symbol zu nutzen.

AYLIN Wir haben auch keine Angst, von wem auch immer, aus
   dem Konzept geworfen zu werden.

JONAS Wir wissen, was wir sagen wollen und warum wir es
   sagen wollen!

LEHRERIN Ihr habt niemanden auf das Plakat genommen. Wer
   sagt bei euch, wo's lang geht?

CASSY Niemand. Und das war das Schwerste.

*Erst Stille, dann fängt Tim an zu klatschen, alle aus der Gruppe
IV zur Parteigründung geben sich selbst Applaus und gehen
aufeinander zu.*
*Dann verteilt Jonas die Handouts an alle und sie gehen durchs
Publikum und verteilen ihre Zettel.*

BIOLEHRER:IN *wendet sich zu Lehrer:in.* Manchmal bin ich echt
   froh, dass ich nur Bio unterrichten muss.

LEHRER:IN Ach, mit solchen Kindern macht die Arbeit doch Spaß!
   Licht aus.

Zehnte Szene

Im leeren Klassenzimmer. Lena sitzt bei Tim auf dem Schoß, er flüstert ihr etwas Vergnügliches ins Ohr. Die anderen kommen dazu, Aylin und Cassy werfen sich überraschte Blicke zu. Lena steht auf.

JONAS Da haben die einfach Papierflieger aus unserm Handout gemacht.

AYLIN *bückt sich wie Jonas und hebt am Boden liegende Blätter auf.* Haben sie mit den anderen Handouts auch gemacht.

TIM Die waren ja auch blöd! Ich bin echt froh, dass ich in eure Gruppe hineingelost wurde.

LENA War keine verlorene Zeit!

AYLIN Sah gerade auch gar nicht danach aus!

JONAS Können wir bitte noch einmal über die Präsentation sprechen? Ich hätte da noch ein paar Verbesserungsvorschläge.

TIM Hey Jonas, das war's. Is' vorbei! Wir müssen nicht noch einmal präsentieren.

CASSY Ist es das?

AYLIN Was glaubt ihr, wie das ankam?

JONAS Schwer zu sagen. Die haben schon zugehört!

TIM Also eingeschlafen ist bei uns keiner.

CASSY Na, wenn das der Anspruch war?

TIM Was willst du denn schon wieder? Immer noch nicht zufrieden?

CASSY Eigentlich wollte ich mich bei dir bedanken, Tim.

LENA Da bricht dir fast die Zunge ab, was!

Jonas und Aylin gucken Lena kopfschüttelnd an und zeigen ihr einen Daumen nach unten. Tim schüttelt leicht den Kopf.

TIM Nun lass mal, Lena. Mich interessiert wirklich, was Cassy sagen möchte.

CASSY Ich hatte echt Angst vor der Präsentation. Und euch ...

AYLIN Dass wir dich fertig machen?

CASSY Auch das.

AYLIN Du willst immer alles richtig machen.

JONAS Was ist denn so schlimm daran?

5   AYLIN Mich nervt das einfach!

CASSY Dann muss ich mich bei dir wohl auch bedanken.

JONAS Ich finde, ihr könnt euch mal alle bei Cassy bedanken ...

CASSY Und bei Jonas ...

LENA Jetzt geht das schon wieder los. Musst du immer das letzte

10   Wort haben?

TIM Ja, geht das jetzt wirklich wieder los? Seht das doch alles
         mal ein wenig sportlicher. Okay, Denken ist vielleicht nicht so
         mein Ding.

JONAS Du weißt schon, dass das Gehirn kein Muskel ist?

15   AYLIN Klappe, Jonas, wisst ihr Klugscheißer denn nie, wann man
         einfach mal die Fresse hält?
         *Cassy hat schon eine Erwiderung auf den Lippen, aber schlägt
         sich die Hand vor dem Mund.*

TIM Also, ich versuche es noch einmal. Traineransprache
20   sozusagen. Wir haben gut performed! Wir haben gut über die
         Außenpositionen den Ball im Spiel gehalten und uns nicht aus
         unserem Rhythmus bringen lassen. Und das nach nur zweimal
         45 Minuten Einspielzeit, das war phänomenal!

LENA Wir waren echt gut!

25   CASSY Deshalb würde ich gerne wieder was mit euch machen!

LENA Was denn? Doch Revolution, Schülerrat gründen,
         Theaterstück schreiben, ...

CASSY Wir müssen doch öfter Gruppenarbeiten machen. Es
         wäre doch interessant, wenn wir mit dem Stil auch andere
30   Aufgaben versuchen würden zu lösen?

TIM Mit dem „Stil"?

JONAS Also doch, Muskeln trainieren?

AYLIN Unseren sozialen Muskel? Das hat was.

CASSY Das klingt jetzt so ein bisschen komisch.

LENA Sagt eine, die sich „Die blaue Hand" auf einen Zettel
    schreibt.

JONAS Lasst uns doch einfach bei „Rethinking The Blue Hand"
    bleiben!

TIM Klingt so ein bisschen nach Underground-Denkfabrik.

LENA Ist schon lang und dann so komisch Englisch ...

JONAS Ich glaube, es geht Cassy jetzt nicht wirklich um einen
    Namen.

CASSY Vielleicht gibt es außerhalb unserer kleinen Gruppe
    tatsächlich Menschen an unserer Schule, die auch Lust hätten,
    so zu arbeiten?

AYLIN In unserer Familie „arbeiten" wir immer so.

TIM In meiner nicht.

CASSY Es gibt doch bestimmt Projekte, oder kleinere Initiativen,
    denen es für das eigene Selbstwertgefühl helfen würde, sich
    als Teil einer größeren Bewegung zu fühlen?

AYLIN Meine Cousine geht jede Woche für die drei alten Damen
    in ihrer Straße mit einkaufen.

TIM Meine Schwester geht mit mir Gemeindebriefe austeilen. Ja,
    jetzt guckt nicht so, liegt auf dem Weg zum Sportplatz.

JONAS Mein Vater war Wahlhelfer bei der letzten
    Bundestagswahl. Fand er irgendwie doof, da waren keine
    netten Leute in seiner Schicht.

CASSY Wenn wir mal nachdenken, kennen wir bestimmt viele
    Menschen, die sich bereits jetzt schon für die Stabilität der
    fünf Netze engagieren?

TIM Denen könnten wir dann sowas schenken!

    Tim holt noch mehr von den Schlüsselanhängern aus der
    Jackentasche.

CASSY Du bist ja unglaublich!

TIM Die könnten wir auch verkaufen, dann könnten wir dem
    Kunstlehrer das Material bezahlen.

JONAS Da könnten wir kleine Zettel dranhängen, was wir mit der
      blauen Hand verbinden.
TIM Wenn wir genug davon verkauft haben, könnten wir einen
      eigenen 3D-Drucker kaufen.
5   LENA Oder wir lassen von dem Geld Sticker drucken, natürlich
      ölfreie, mit denen wir die scheiß Nazi-Aufkleber an den
      Laternen überkleben.
JONAS Menschen, die das gut finden, könnten ihre Mülleimer
      auf der Straße damit bekleben.
10 CASSY Oder ihre Schulhefte.
LENA Wir könnten einen Blog-Bereich im Internet einrichten, wo
      Menschen ihre guten Erfahrungen teilen.
JONAS Oder wo sie Unterstützung anfordern können.
CASSY Wir könnten Treffen organisieren, wo zwei Straßen
15   miteinander ein Sommergrillen veranstalten.
TIM Oder ein Fußball-Turnier.
JONAS Tim, nicht jeder spielt gerne Fußball!
AYLIN Aber darum geht es doch gar nicht Jonas!
CASSY Überlegt mal, wie viele Optionen wir in den letzten fünf
20   Minuten diskutiert haben. Dinge tun zu können und sie dann
      zu lassen, ist das nicht schon Machtmissbrauch?
TIM Häh, ich glaub' ich muss jetzt zum Training.
LENA Stimmt doch gar nicht!
CASSY Hey Tim, danke für die Anhänger! War ein starker Auftritt.
25 AYLIN Das war jetzt ein starkes Brainstorming!
JONAS Ich freu' mich, wenn wir wieder mal was zusammen zu
      tun haben.
LENA Dito, Alter. Let's call it a day!
      Lena nimmt Tim an die Hand, die beiden gehen.
30 AYLIN Wozu so Schulprojekte alles gut sind?
CASSY In der Tat!
      Licht aus.

Schule als Ort von Politik – darf ich überhaupt mitreden?

„Politik beginnt nicht erst im Bundestag.
Sie beginnt dort, wo du deine Stimme hörst,
und ein anderer dir zuhört."

1.   Ist Schule politisch?

Auch Schule ist ein Ort, an dem Politik erlebt wird:
- Wie werden Regeln gemacht?

- Wer entscheidet über Pausen, Räume, Projekte?

- Wer wird gehört – und wer nicht?

- Was passiert, wenn jemand ausgeschlossen wird?

All das ist Teil von gelebter Demokratie.

2.   Darf man in der Schule über Politik reden? Ja – unbedingt!

* Politische Bildung gehört zum Lehrplan.

* Lerne, dir eine eigene Meinung zu bilden.

* Lehrer*innen müssen sachlich und ausgewogen informieren
- aber dürfen euch nicht beeinflussen.

* siehe auch „Beutelsbacher Konsens"

3. Was darf ich als Schüler:in?

Das darfst du	Das darfst du nicht
- Eine eigene Meinung vertreten	- Andere beleidigen oder bedrohen
- Diskutieren, auch kritisch	- Lehrer*innen bloßstellen
- wählen	- Schule parteipolitisch „kapern"
- An Demos teilnehmen (außerhalb der Schulzeit)	- Während der Unterrichtszeit unerlaubt fernbleiben

4. Wie kann ich mitgestalten?

* Wähle (oder werde) Klassensprecher:in oder Schulsprecher:in
* Engagiere dich im Schulparlament oder der SV
* Starte ein Projekt: Theater, Debatte, Podcast, Demokratie-Wandzeitung...
* Rede mit deinen Lehrer:innen über Themen, die euch wichtig sind

DEMOKRATEN WACHSEN NICHT AUF BÄUMEN, SIE SIND ZU SOLCHEN ZU ERZIEHEN.
DMOKRATIE MUSS MAN ÜBEN – STREITEN, ZUHÖREN, ENTSCHEIDEN, ZURÜCKNEHMEN, WIEDER ANFANGEN.

* Merke:

Demokratie ist nicht nur ein Fach. Sie ist eine Haltung. Und die kannst du auch in Mathe haben.

Elfte Szene

Im Wohnzimmer. Die Mutter sitzt am Küchentisch. Vor ihr ein aufgeklappter Laptop und Papiere. Digby Groat sitzt im Lesesessel, liest „Der Hexer" und lacht leise vor sich hin.
Die Mutter arbeitet konzentriert, ihr Handy-Timer brummt. Sie stellt das Geräusch ab, arbeitet weiter.
Die Mutter steht unvermittelt auf, nimmt ihre Handtasche und verlässt das Zimmer.
Digby steht auf, wandert neugierig durch den Raum, beugt sich über den Laptop. Als seine Finger fast die Tastatur berühren, flakert das Licht. Die Projektion der blauen Hand lässt Digby erschrecken.

DIGBY Du kannst es nicht lassen, was? Selbst dieses einfältige Weibsbild glaubst du beschützen zu müssen.

DIE BLAUE HAND Einfältig? Pass lieber auf, Digby …

DIGBY Gaukelt sich vor, die Welt aus dem Homeoffice zu retten. Und nennt ihre Tochter auch noch Kassandra! Die sehend und klug, nur geschändet und missachtet wird. Nutzlos liegen gelassen, dass genau passiert mit euch ehrgeizigen Biestern, auch noch nach 100 Jahren Wahlrecht. Wo sind denn die strahlenden Heldinnen?

DIE BLAUE HAND Wir kommen und Männer wie du werden uns nicht mehr hindern!

DIGBY Männer wie ich werden immer die Welt beherrschen, dafür hat Gott sie geschaffen!

DIE BLAUE HAND *lacht laut und anhaltend.* Von welchem Gott glaubst du dich berufen, Digby? Welcher Gott ist dir jemals begegnet? Das Patriarchat ist eine Erfindung der Mütter, auch wenn sie es noch nicht verstanden haben. Eine liberale Gesellschaft braucht keine Söhne mehr, die mächtig genug sind, ihre altwerdenden Mütter zu beschützen!

DIGBY Ich wollte Mama beschützen …

DIE BLAUE HAND Du lügst. Aber das hast du ja immer …

DIGBY Ich wollte Mama beschützen. Ich musste Mama vor sich
    selbst schützen …

DIE BLAUE HAND Du wolltest deine Mutter nur bestehlen!

DIGBY Ich habe mir nur genommen, was mir rechtlich zustand.

DIE BLAUE HAND Diese Gesetze haben wir geändert. Du bist so
    1925!

DIGBY Glaubst du das wirklich? Ihr konntet gar nichts gegen mich
    ausrichten. Ich war zu schlau, immer einen Schritt voraus.
    Nicht der Anwalt, dieser weichherzige Tor, noch die Polizei,
    noch der wagemutige Verehrer …

DIE BLAUE HAND Und trotzdem hast du das Mädchen nicht
    bekommen.

DIGBY Sie hätte mich geliebt …

DIE BLAUE HAND Sah gar nicht so aus!

DIGBY Sie hätte … wenn nicht …

DIE BLAUE HAND Ja, sag es ruhig!

DIGBY Dieser verdammte Captain, er hat es einfach nicht
    verstanden.

DIE BLAUE HAND Oh, er hat sehr gut verstanden! Er hatte
    Mitgefühl, mehr braucht es gar nicht, um sich zu entscheiden,
    das Richtige zu tun.

DIGBY Das Richtige, Pah! Du nennst mich „so 1925", was brachte
    denn eure schöne, neue Welt hervor: noch einen Weltkrieg!
    Kinder, die ohne Väter aufwachsen!

DIE BLAUE HAND Wenn es weniger Kriege in dieser Welt gibt, in
    denen Männer wie du sich beweisen wollen, werden auch
    wieder mehr Kinder mit ihren Vätern aufwachsen.

DIGBY Der Krieg fängt hier an diesem Küchentisch an. Zwei
    Frauen, die Toby Tag für Tag sagen, was er zu tun oder zu
    lassen hat.

DIE BLAUE HAND Zwei Frauen, die Toby jeden Tag
    Aufmerksamkeit und Liebe zeigen …

DIGBY Nein, er ist ihr Opfer, aber eines Tages wird er sich wehren
    können.
DIE BLAUE HAND Vielleicht braucht er sich gar nicht zu wehren,
    vielleicht hat er dann gelernt zu lieben und zu vertrauen?
DIGBY Wie ein Haustier, ist er ihnen ausgeliefert.
DIE BLAUE HAND Sie sind aber nicht wie du und schnallen ihn
    fest, um ihn aufzuschneiden ...
DIGBY Das war Forschung!
DIE BLAUE HAND Genau. Um zu erforschen, was dir in deinen
    Allmachtsfantasien noch alles möglich ist. Sieh es ein, Digby,
    dein Ende war der Beginn einer neuen Ordnung: Kooperation!
    Die blaue Hand schließt den Laptop.
DIGBY Stolz ist sie marschiert, die neue Ordnung. Die Hand zum
    Gruß bereit. Schau auf die Straßen, sie warten nur alle, dass
    das nächste goldene Zeitalter anbricht.
DIE BLAUE HAND Es ist vorbei, Digby. Wir sind mehr. Menschen
    die einander zugewandt helfen wollen, werden immer mehr
    sein, als die, die glauben, sich über andere zu erheben.
DIGBY Red' dir das ruhig ein. Toby wird sie eines Tages
    verachten, weil sie weich und schwach sind. Er wird sie hassen
    lernen, so wie ich. Und Männer wie ich, werden es ihm
    beibringen.
DIE BLAUE HAND Männer wie du sterben einfach. Die Welt
    erinnert sich daran, wie Menschen einander retten. Dein
    Name ist längst vergessen. Kassandra aber ist allen eine
    Mahnung. Die, die einander helfen wollen, haben gelernt
    zuzuhören. Haben gelernt, sich über Grenzen hinweg zu
    vernetzen. Haben gelernt, füreinander da zu sein!
DIGBY Ach, warum rede ich überhaupt mit dir!
    Digby macht eine unwirsche Geste und verlässt das Zimmer.

    *Die blaue Hand geht zum Lichtschalter und der Raum erscheint
    in angenehmen Licht. Dann Licht aus.*

Zwölfte Szene

(Wohnzimmer – Spätnachmittag)
Cassy hat den Tisch gedeckt. Und stellt ein Blume auf den Tisch.
Stimmen von Mutter und Toby dringen ins Wohnzimmer. Toby
weint. Mutter versucht Toby zu beruhigen. Stille.
5   *Die Mutter betritt den Wohn-Essbereich.*

MUTTER Oh toll, du hast schon den Tisch gedeckt!

CASSY Was gibt es zu Essen?

MUTTER Leftovers von Gestern!

CASSY Was ist mit Toby?

10   MUTTER Es gab Streit in der Turngruppe. Ein Kind war beim
     Fangen zu rabiat. Tote und Verletzte, zu viele Eltern und
     Erzieher dabei, das Übliche. Toby musste dringend auf
     Toilette, durfte wegen „der Aussprache" nicht gehen. Die
     halten sich immer für so neunmal-klug und erkennen die
15   einfachsten Bedürfnisse von Kindern nicht.

CASSY Reg' dich nicht auf, Mama. Du hast bestimmt dein Bestes
     gegeben ...

MUTTER Und du so? Auch dein Bestes gegeben, bei eurer
     famosen Präsentation?

20   CASSY Woher willst du wissen, ob die famos war? Was ist das
     überhaupt für ein Wort?

MUTTER Ein deutsches Wort, wird man ja noch sagen dürfen,
     oder? Also erzähl, wie war es?

CASSY Anders als erwartet!

25   MUTTER Siehst du, das meinte ich mit famos. Bei der Gruppe mit
     der ihr da angetreten seid, war anzunehmen, dass das ... |

CASSY   ... nichts wird?

MUTTER ... lebendig wird! Was ist los mit dir, Cassy? Wo ist dein
     Selbstbewusstsein geblieben?

30   CASSY Ach, es war eigentlich ganz gut. Einfach anders als ich vor
     zwei Tagen gedacht hatte.

MUTTER So ist das mal in der Demokratie. Da kannst du
    nichts auf dem Reißbrett entwerfen. Politik ist ein
    Tatsachengeschäft und deshalb braucht es dort Menschen ...
    viele unterschiedliche Menschen mit vielen unterschiedlichen
    Talenten. Auch Menschen wie dich!

CASSY Findest du?

MUTTER Mensch, Cassy, Demokratie ist ein Mitmach-Sport und
    kein Zuschauer-Irgendwas ... was habt ihr denn gelernt?

CASSY Dass es interessanter ist, sich zuzuhören, als sich zu
    streiten.

MUTTER Ganz famos!

CASSY Kannst du bitte dieses Wort weglassen? Sonst glaube ich,
    du nimmst mich nicht ernst!

MUTTER Ich nehme dich so ernst, wie man eine Achtklässlerin
    ernst nehmen kann. Und nicht nur, weil ich deine Mutter bin.
    Aber du musst dich eben auch ernst nehmen.

CASSY Es war so toll Mama!

MUTTER Auch ohne fertiges Plakat?

CASSY Auch ohne, fertiges Plakat! Tim hatte so eine gute Idee
    und dann haben wir das einfach durchgezogen.

MUTTER Einfach so.

CASSY Obwohl der Lehrer von Nebenan noch kam und uns
    eigentlich voll aus dem Konzept hätte bringen müssen ...

MUTTER Hat er nicht?

CASSY Ich bin ihm ganz ruhig entgegengetreten und habe ihm
    Einhalt geboten. Er wusste das mit der blauen Hand und dem
    Symbol für Arzneimittelsicherheit.

MUTTER Ablenken, umlenken, wie mit Toby, hast du gut
    aufgepasst!

CASSY Ja, Mama, ich hatte auch gar keine Angst, weil wir
    zusammen ... in dem Augenblick ... also jeder genau wusste,
    was wir taten.

MUTTER Das klingt doch toll.

CASSY Ich fühlte mich richtig lebendig und war ganz erstaunt, als
    alles so schnell vorbei war.
MUTTER Also, ich hab aus meiner Skepsis ja keinen Hehl
    gemacht, meine liebe Tochter, aber ich muss dir wirklich
5   sagen: Da habt ihr gut unter Beweis gestellt, dass man Politik
    nicht spielt, sondern lebt.
CASSY So verkehrt ist das gar nicht mal, Politik zu üben, denn
    später geht es darum, Politik auszuhalten.
MUTTER ... zu gestalten, meine Liebe. Nicht einfach nur wählen
10 gehen, das eine lausige Mal, alle paar Jahre. Überall gibt es
    Beteiligungsmöglichkeiten, wo es Menschen braucht, die
    keine Angst vor Verantwortung haben.
CASSY Wir haben das echt nicht gespielt, Mama. Obwohl wir
    Tims Choreo gefolgt sind.
15 MUTTER Ihr habt getanzt?
CASSY Nein, er hatte uns eine Aufstellung vorgegeben und von
    der sind wir dann losgelaufen.
MUTTER Das war bestimmt mal nicht so langweilig, wie die
    Präsentationen von den anderen.
20 CASSY Uns war halt wichtig, dass sie zuhören.
MUTTER Haben sie?
CASSY Na, spätestens als der Biolehrer reingepoltert kam!
MUTTER Also war das Unvorhergesehene etwas Gutes.
CASSY Wenn du so willst.
25 MUTTER Naja, da hat sich eben gezeigt, ob ihr wirklich wisst,
    wovon ihr sprechen wolltet.
CASSY Das wussten wir. Und keiner hat den anderen hängen
    lassen und zwar nicht wegen der Note ...
MUTTER Bist du dir da so sicher?
30 CASSY Lena und Tim sind jetzt sogar zusammen.
MUTTER Eifersüchtig?
CASSY Nö, der ewig mit seinem Fußballtraining. Wird die Lena
    auch noch sehen, was sie davon hat.

MUTTER Aha, das klingt wirklich so gar nicht nach Eifersucht.

CASSY Mama!

MUTTER Wie geht's jetzt weiter?

CASSY Wir haben tatsächlich überlegt, irgendwie
weiterzumachen. Findest du das schräg?

MUTTER Nö, nicht schräg. Völlig natürlich! Sei nur nicht
enttäuscht, wenn nicht alle die gleiche Zeit in eure Projekte
stecken. Sieh mal Tim, von dem hättest du nicht viel …

CASSY … nichts

MUTTER … also sehr wenig erwartet und dann …

Cassy legt der Mutter einen Anhänger der blauen Hand vor.

CASSY Und dann hat er die Dinger hervorgezaubert.

MUTTER Aha, ein Zauberer, nicht nur mit dem Ball …

CASSY Mama, lass das. Tim ist jetzt mit Lena zusammen. Und
da siehst du doch mal ganz konkret, wenn wir nicht in der
Gruppe IV zusammen gewesen wären, hätten die beiden
niemals ein Wort miteinander gewechselt.

MUTTER Du meinst Demokratie wirkt?

CASSY Ich weiß nicht, was das mit Demokratie oder Politik zu tun
hat, aber heißt es nicht immer wieder: Gegensätze ziehen sich
an?

MUTTER Zumindest ergänzen sich gegensätzliche Positionen
besser, wenn man an wirklich guten Lösungen interessiert ist.
Mehr vom Gleichen hilft nämlich nicht mehr.

*Cassy holt eine Flasche Eistee aus dem Kühlschrank und schenkt
beiden ein Glas ein.*

CASSY Auf »die blaue Hand«!

MUTTER Mögen die vielen Fragen zur blauen Hand euch gute
Gespräche und viel Freude schenken!

CASSY Ich habe zwischen den Zeilen echt viel gefunden, Mama,
danke für deine Unterstützung.

MUTTER Auf weitere tolle Schulprojekte!

CASSY Die werden wir machen!

     Zwölfte Szene

MUTTER Ich habe dir aus meinen Jahren noch ein paar Seiten
    zur Organisationsarbeit rausgesucht. Vielleicht hast du ja
    irgendwann Lust, in einer Partei richtig mitzuarbeiten.
CASSY Oder ich gründe noch eine?
*Cassy und die Mutter schauen sich fest in die Augen und lachen
    dann beide.*
CASSY Das wird ein Spaß!
*Durch die Türöffnungen kommen die anderen Rollen dazu und
    alle prosten sich gemeinsam zu.*
*Die Schauspieler stellen alle ihre Gläser auf dem Küchentisch
    ab, drehen sich dem Publikum zu, verbeugen sich.*
Licht aus.

Bühnenbild:

ein Raum mit mehreren Türen

wahlweise Wohn- / Essbereich

oder

Schule

Wandel durch Licht, Geräusche und Musik

Requisiten

Tisch und Stühle

(Kühl-)Schrank

Leselampe

Sessel (optional)

wenig Umbauten nötig

Handelnde Personen:

Cassy (Kassandra) – fleißig, neugierig

Ihre Mutter – erfahren, skeptisch

Die Arbeitsgruppe:

Lena – klimaengagiert, direkt

Tim – sportlich, sarkastisch

Aylin – gerechtigkeitsorientiert, verbindlich

Jonas – informiert, verkopft

Lehrer:in (evtl. als Off-Stimme) – neutral, anleitend

Lehrer:in II - kritisch, herabwürdigend

Die „Blaue Hand" (symbolisch) – kann als Schatten, Stimme, Projektion o.ä. auftauchen

Das Stück lässt sich über die Hauptcharaktere hinaus mit weiteren Figuren ergänzen.

„Unsere Übergangsgeneration hat die Gelegenheit, innezuhalten und ihre Kapazität zur Reflexion voll auszuschöpfen, um sich mit all ihren Mitteln auf die Gestaltung der Zukunft vorzubereiten."

Maryanne Wolf, „Das lesende Gehirn", S. 268

Für die Lehrperson:

Eine spannende Zeit liegt vor Ihnen, wollen Sie das Theaterstück im Schulkontext nutzbar machen: z. B. für Politik-, Deutsch- oder Theaterunterricht der Sek I/II.

Empfohlene Klassenstufe:
8.–10. Jahrgangsstufe
(je nach Bundesland + Schulform ggf. auch 11./12.)

Fächerübergreifend einsetzbar in:
- Politik / Sozialkunde / Gemeinschaftskunde
- Deutsch / Literatur
- Darstellendes Spiel / Theater
- Werte und Normen / Religion / Ethik

Lernziele (Auswahl):
- Aufbau und Funktion von Parteien verstehen
- Unterschiede zwischen Meinung und Haltung erkennen
- Politische Prozesse reflektieren und mitgestalten
- Empathie und Konfliktfähigkeit entwickeln
- Szenische Umsetzung eigener Gedanken

Anbindung an Lehrpläne:
- Demokratieverständnis stärken (GL/SU)
- Politische Partizipation erleben
- Umgang mit Vielfalt, Werten und Normen reflektieren
- Medien und Literatur
  als Spiegel gesellschaftlicher Prozesse (Deutsch)

Mögliche Aufgabenformate:

- Erstellen eines eigenen Parteiprogramms
- Szenisches Nachspielen oder Fortführen einzelner Szenen
- Erörterung: „Sind Parteien heute noch glaubwürdig?"
- Kreatives Schreiben: Monologe von Cassy, der Mutter,
        oder Digby-Groat-Adaptionen
- Debatte: Parteigründung vs. Parteibeitritt
- Comic- oder Storyboard zur Neunten Szene

Diskussionsthemen / Kontroversen im Stück:

- AfD, Volt, BSW, FDP – politische Landschaft im Wandel
- Glaube vs. Rationalität in der Parteipolitik
- Macht, Einfluss, Verantwortung
- Jugendliche in der Politik: Zu jung oder längst überfällig?

Optionaler Projektvorschlag:

„Wir gründen (k)eine Partei" – schulisches Planspiel mit Rollenverteilung, Diskussion, Medienarbeit und abschließender Präsentation (ggf. mit echten Politiker:innen oder digitalem Dialog)

Raum für Notizen:

Checkliste FÜR VERANSTALTUNGEN MODERNER PARTEIARBEIT:

In Konkurrenz zu anderen ehrenamtlichen Tätigkeiten sind Veranstaltungen dahingehend ‚abzuchecken‘, dass Parteiarbeit als organisiert und sinnstiftend empfunden werden kann, damit mehr lebenskompetente Menschen Teilhabe und Mitwirkung eröffnet werden.

Frauen sind gefragt und Frauen zur Mitarbeit in der Politik zu werben, ist in Konkurrenz zu anderen Lebensbereichen eine stete Herausforderung.

Ziele – Wozu Partei?

- Informiert sein, Teil von etwas Größerem sein
- Verantwortung übernehmen, sich einbringen
- Funktion anstreben, sich erkennbar machen
- Karriereentscheidung, Teil eines Netzwerk werden

»**Begegnung braucht Kontext**« Weder eine einzelne Maßnahme noch ein einzelnes Format kann kompensieren, wenn Zeit und Aufwand ‚für Partei‘ als unstimmig erlebt werden.

Das Gefühl, willkommen zu sein und in seiner Einzigartigkeit Respekt zu finden, stärkt nicht nur das Miteinander sondern Frustrationstoleranz in gleichem Maße.

Die perfekteste Sitzung ersetzt keine private Begegnung:

* Diskurs braucht Zusammenhalt
* Eigenmotivation braucht Würdigung
* Politik braucht Menschen

Themen? – LEBENSWIRKLICHKEIT!

Fragen der Alltagsbewältigung

- sind für Menschen

    mit fundierten Entscheidungskompetenzen relevant
- Finanzen (Planen und Auskommen),

    Bildungs- / Erfahrungsräume
- Vermischung von vergangenheits- und

    gegenwartsbezogenes Wissen
- Zukunftsplanung:

    Wie entwickelt sich mein Lebensmittelpunkt

    in den nächsten ... Jahren?

Fähigkeiten und Fertigkeiten

- sind für lebenskompetente Menschen das ‚Ah und Oh'
- Informationsbereitstellung

    muss flexibel und niederschwellig organisiert sein
- Schulung, wo immer Bedarf erlebt wird
- Patenschafts-Modelle

Gruppen? – LEBENSPHASEN BEEINFLUSSEN SELBSTBILDER

- Jung und kinderlos, aber als Erwachsene unterwegs
- Erziehende, Verantwortung plus
- vollberufstätige, Abgleich mit Herausforderungen der Berufswelt
- Lebenserfahrende, Multiplikatoren für Erfahrungstransfer

Qualitätscheck:

*** BÜRGERGESPRÄCHE**

o regelmäßig?
o bekannt?
o bedürfnisgerecht?
o Arbeit der Partei vorlegen und diskutieren!
o Feedback verabreden!
o Ehrenamtsbereiche als Themen-Seismographen
   & - Multiplikatoren einbinden

*** PODIUMSDISKUSSION**

o Vorrecherche?
o Teilnehmer ausgewogen?
o Redezeit beherrschen?
o Emotionale Verbindlichkeit herstellen!
o Framing beachten!

*** ZEITGEMÄSSE GREMIENLEITUNG**

o Zielsetzung transparent?
o Mitglieder eingebunden?
o Themenoffenheit?
o Transparente Kommunikation:
   Einladung, Leitung, Ablauf, Zeit!
o Verbindlichkeit:
   Vor- /Nachbereitung, Protokoll, Beschlusskontrolle!

* ## Tipps zur Vorbereitung

o Start- und Endzeit kommunizieren.
  WICHTIG: Die Zeiten einhalten und ggf. bei der Planung
  Puffer einplanen (Verbindlichkeit)

o Materialien zur Vorbereitung von internen Sitzungen
  (rechtzeitig) verschicken.
  Gleicher Wissensstand beschleunigt die Diskussion
  (keine Einführung, weniger/kürzere Berichte)

o Dokumentation von Ergebnissen und Beschlüssen

o Ausreichend Vorlauf,
  um persönliche Planung zu erleichtern

* ## Digitale Möglichkeiten nutzen

o Plattformbasierte Dokumentation

o Telefonkonferenzen / Live-Chats / Live-Stream

o Dezentrale Textarbeit

o Online-Abstimmungen

Vera Ansén, Jhg 1972, erforscht seit 1992
Narrationen wie mediale Wirksamkeit.
Immer darauf bedacht,
Sprachlosigkeit zu überwinden und
Menschen zur Reichweite ihrer Anliegen zu verhelfen!

Wir alle sind Kulturschaffende, da wir erzählen.

Die Erfahrung, dass der Kopf rund ist,
damit die Gedanken besser kreisen können,
ist ein Schlüssel zu der Frage:
Wie erlangen wir mehr Wirksamkeit!

Bleiben Sie neugierig, ich bin es auch.

Der Soldat und die Unschuld

Neuauflage: 2025

ISBN 978-3-819-22770-7
auch als e-Book erhältlich

Bereits 2006, lange bevor es eine #MeToo-Debatte im Internet gab, fragte Vera Ansén: „Wie ist die natürliche Unbedarftheit Unschuldiger zu wahren?"

Mit Beobachtungsgabe und viel Herz erzählt dieser historische Roman eine Familiengeschichte, die nicht nur unterhält, sondern auch zum Nachdenken anregt. Denn Missbrauch hat Vorbedingungen wie soziale Isolation und antrainierte Angepasstheit.

In England zu Beginn des 19. Jahrhunderts kannten viele Menschen Krieg nur aus der Zeitung, es sei denn, man war Soldat: Der junge Major, Edward Langley, Sohn des Duke of Lancashire, erlebt die Rückkehr in die Heimat als seine schwerste Lebensprüfung. Nach Napoleons endgültiger Vertreibung bindet ein Ehevertrag ihn an Isabell, die eigenwillige Tochter des Earl of Bute, die jegliches Kriegstreiben ablehnt.

Starke Männer? Nur Maulhelden - da ist sich Isabell sicher - ziehen in den Krieg und brechen leichtfertig Gottes Gebot: Du sollst nicht töten! Doch das Böse lauert nicht nur im Krieg!

Die Ereignisse ihres Lebens verwehren Edward und Isabell den Rückgriff auf Konventionen und fordern ihnen eigene Entscheidungen ab, um den Frieden im Herzen zu finden, der das bloße Überleben erst lebenswert macht.

Afsaneh - eine von allen

erschienen: 2024

ISBN 978-3-758-33098-8
auch als e-Book erhältlich

In diesem berührenden Buch treffen zwei Welten aufeinander: Afsaneh aus dem Iran und ihre deutsche Gesprächspartnerin.
Gemeinsam stellen sie Fragen nach Heimat, Zukunft und dem, was wirklich zählt. Dank der Gespräche entstehen tiefe Einblicke in die persische Kultur und Afsanehs Gefühlswelt.
Damit unsere Enkelkinder den Frieden finden, den wir ihnen nicht geben können!

Als Schullektüre bietet „Afsaneh – eine von allen" spannende Diskussionsansätze über Kulturen, Identität und das Zusammenleben in einer globalen Welt.
Dazu passend das Workbook Deutsch ISBN 978-3-759-78526-8

Leserstimmen:
„Ein wirklich sehr interessantes Buch, das zudem noch sehr kurzweilig aufgebaut ist und einen erstklassigen Einblick in die Gefühlswelt einer Perserin und deren Kultur gibt."

„Ein guter Ansatz für bessere Einsicht in die persische Kultur, gleichzeitig eine klare Anregung, auch selbst den Dialog mit Menschen anderer Herkunft zu suchen, die oft gar nicht so schwer zu finden sind!"

Erkennbar, verständlich, wählbar
... zu MEHR gesellschaftlicher Mitwirkung!

mit Bonuskapitel 8 verfügbar:

ISBN 978-3-759-71176-2
auch als e-Book erhältlich

Erkennen Sie Ihre Talente und entfalten Sie Ihr Potenzial – ein praxisnahes Sachbuch!
Klar und verständlich zeigt Vera Ansén, wie Sie selbstbewusst in gesellschaftliche Mitwirkung treten und Ihre Wirkung maximieren können.

Erleben Sie, wie die Heldenreise in unserem Leben Gestalt annimmt und wie Sie andere Menschen mit auf diese Reise nehmen können.

Neuauflage des 2019 erschienenen Heftes:

Leserstimmen:

„Es ist lohnend, sich mit dem entfachten Gedankenfeuerwerk der Kommunikationswissenschaftlerin und Autorin gründlich auseinanderzusetzen."

„Leicht verständlich wird hier klar beschrieben, warum wir wieder raus aus dem Labor zurück ans Lagerfeuer müssen, kommunikativ gesprochen."

„In sechs Leseminuten habe ich verstanden, was die Firmenschulung letztens sollte... Sehr cool, diese Neuauflage."

Wie wir erzählen
... zu MEHR Wirksamkeit!

erschienen: 2024

ISBN 978-3-758-33126-8
auch als e-Book erhältlich

In einer Welt der Informationsfluten zeigt Vera Ansén, wie Sie Ihre Gedanken verdichten und klar kommunizieren können.

Dieses Buch hilft Ihnen, Ihre Kommunikation neu zu gestalten und sich sicher durch jede Gesprächssituation zu bewegen.

Mit Anséns unterhaltsamen Denkanstößen und präzisen Zeichnungen wird es leicht, den roten Faden in der Kommunikation zu finden: Was wir machen?

„Die Zeichnung im Kopf beginnen ... von Ansén ist meiner Meinung nach schlichtweg genial. Sich innerlich zurückzulehnen und genau zuzuhören, worüber der Gesprächspartner spricht, ist sowohl ein hilfreicher als auch amüsanter Denkanstoß.“

„... wie ein guter Informationsaustausch idealerweise funktioniert, wird hier auf leicht verständliche Art und Weise beleuchtet, ohne dass man erst jahrelang die Kommunikationswissenschaften studieren muss.“

„Es fällt mir viel leichter, mich in Debatten einzubringen und Auswege aufzuzeigen. Das macht Spaß, und ich habe ein besseres Verhältnis zu meinen Kollegen.“